写给妈妈的**玩具**购买指南

如何选出安全、好玩又能激发孩子潜力的玩具

[意] 茱莉亚·塞蒂莫 ◎ 著　杨苏华 ◎ 译

北京理工大学出版社
BEIJING INSTITUTE OF TECHNOLOGY PRESS

图书在版编目 (CIP) 数据

写给妈妈的玩具购买指南: 如何选出安全、好玩又能激发孩子潜力的玩具 / (意) 茱莉亚·塞蒂莫著; 杨苏华译. —北京: 北京理工大学出版社, 2019.10

（关键期关键帮助系列）

ISBN 978-7-5682-7474-6

Ⅰ.①写… Ⅱ.①茱… ②杨… Ⅲ.①玩具—购买—指南 Ⅳ.① F768.6-62

中国版本图书馆 CIP 数据核字 (2019) 第 178019 号

北京市版权局著作权合同登记号 图字 01-2019-5037

© Il Castello S.r.l., Milano 71/73 12-20010 Cornaredo (Milano), Italia plus date of first publication and the title of the Work in Italian

The simplified Chinese translation rights arranged through Rightol Media （本书中文简体版权经由锐拓传媒取得 Email:copyright@rightol.com）

出版发行 / 北京理工大学出版社有限责任公司

社　　址 / 北京市海淀区中关村南大街 5 号

邮　　编 / 100081

电　　话 / （010）68914775（总编室）
　　　　　（010）82562903（教材售后服务热线）
　　　　　（010）68948351（其他图书服务热线）

网　　址 / http://www.bitpress.com.cn

经　　销 / 全国各地新华书店

印　　刷 / 三河市华骏印务包装有限公司

开　　本 / 880 毫米 × 1230 毫米　1/32

印　　张 / 5　　　　　　　　　　　　　　　责任编辑 / 朱　喜

字　　数 / 100 千字　　　　　　　　　　　文案编辑 / 朱　喜

版　　次 / 2019 年 10 月第 1 版　2019 年 10 月第 1 次印刷　责任校对 / 周瑞红

定　　价 / 39.80 元　　　　　　　　　　　责任印制 / 施胜娟

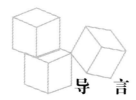

导　言

　　有时候我们想选个玩具送给孩子，于是来到商店里，但是你会发现各式各样的玩具实在太多了，一时还真是选不出来。而且我们很容易就会陷入商家的圈套，最后买了一个最贵的或广告做得最响的，但拿回家后却发现，小家伙拿出玩具看了两眼就扔在一边了，跟包装盒却玩得非常起劲！可见，挑选玩具可不是这么简单的事。这本书的目的正是想教给大家如何选择正确的玩具，书中既引用了专家的观点和意见，又融合了孩子、父母和祖父母的现身说法，这些"当事人"给我们提出了很多实用的建议。总之，这是一本理性、有趣、有时候还带有一些讽刺意味的玩具挑选指南。

　　对儿童来说，游戏不仅仅是一种娱乐，玩玩具对丰富孩子的情感、培养孩子的认知能力和交往能力也起着至关重要的作用。因此，我们给孩子选择的玩具首先要保证安全，然后要能激发孩子的好奇心，调动孩子的积极性，促进孩子创造力和想象力的发展。

一个合适的玩具，首先应该适合孩子的年龄，同时要有助于提高孩子的运动能力和认知能力。这意味着玩具不能太"低级"，完全被孩子操控，产生不了任何积极的互动，同时也不能太复杂，让孩子感觉是一个巨大的挑战，产生挫败心理，因为这样的玩具对孩子是没有吸引力的，也发挥不了教育意义。总之，玩具必须有助于孩子能力的提升和进步。

如果仔细研究一下小家伙们对玩具的偏好，我们会发现他们最喜欢的似乎是那些最简单的玩具，跟他们的父母、祖父母、曾祖父母小时候喜欢玩的东西都差不多，都是些老掉牙的"老古董"。本书的最后一章专门介绍了意大利的玩具博物馆，希望能引发大家的思考，帮助大家意识到这些伴随人们长大的玩具不但是一个物件，而且是一件手工艺品，是人们想象力和手工技艺的结晶，很多现代的玩具更是高科技的产物，所以每件玩具都有话要说，它们背后都有自己的故事。

因此，玩具实际上是具有文化意义的，它见证了其诞生的时代，反映着那个时代的价值观：

当玩具演变的历史展现在我们面前，我们很容易就能意识到，它完全就是映射生活变迁的一面镜子，跟随玩具的脚步，我们会发现儿童、家庭、风俗和社会这些年发生了翻天覆地的变化。

目　录

第三章

特别的玩具 / 33

第四章

电子游戏 / 45

第五章

如何挑选玩具？ / 65

第一章

游戏的重要性

游戏是儿童的宝藏，是创意的源泉，在游戏中，儿童是自己时间的主人，他们可以顺应自己的节奏，自由地表达自己的想法，认识和探索世界，开发自己的潜力，认识自己的不足，在游戏的陪伴下茁壮成长、全面发展。游戏对于儿童的身心发展有着非常重要的意义，能培养孩子的个性，增强孩子的社交能力，因此，对孩子来说，游戏和食物、休息以及来自我们的关爱和呵护是同样重要的。

　　游戏能激发孩子的聪明才智，提高孩子的推理能力和理解能力、观察能力、联想能力和比较能力、创造性和想象力。

　　游戏能增强孩子的体力，提高身体的协调能力，促进肌肉、运动系统和感觉系统的发育。游戏在儿童情感与社交智力的培养方面也发挥着积极作用，因为游戏能帮助孩子更好地适应周围的环境，让孩子学会与同龄人和成年人交流互动，加强人际关系。在游戏过程中，孩子直接接触人和事物，他必须要积极调动自己的记忆力，学会分析因果关系，努力思考问题，增加词汇量。同时，在游戏中小家伙还必须得学会克制"以自我为中心"的天性，意识到自己所在的社会团体是有道德文化规范的，身处其中，自己的行为必须要符合这些规范。

因此，所有的孩子都需要有充足的空间和时间去游戏和玩耍，也要有一定数量、适合他玩的玩具（玩具太多的话有可能会使孩子感到迷惑，导致他在玩的时候无法集中精力），以及一起玩玩具、做游戏的伙伴。

我们要根据孩子的数量和他们所玩的游戏的种类，给他们选择合适的游戏场所，从而保证每个孩子都有一片"个人领地"。这个领地不必太大，重要的是让孩子感到这片区域是完全属于他的，是他所熟悉的、能带给他安全感的一个地方。

游戏的时间要以孩子有没有完成游戏为准（如果游戏没有结束就被打断，孩子会感到很沮丧），但是时间也不能拖得太长，不然孩子会感到无聊，甚至产生被抛弃的感觉。

玩伴（不论是大人还是同龄人）也非常重要。2岁以前，孩子在玩的时候大人一定要陪在旁边，即便孩子在自己玩玩具，大人也要时刻看着。随着孩子社交能力的增强，他们会越来越需要玩伴。4~6岁，同龄儿童常常会组团一起玩，这对孩子的成长起着非常积极的作用，因为游戏中大家会建立规则，会有不同角色的分工和协调配合，这些都跟社会生活有着极大的相似性，因此有助于帮助孩子与社会接轨。

物质丰富了，但时间却少了

现在西方国家的孩子拥有非常多的玩具。人们可能会说，现在条件这么好，孩子想要什么都有，他们一定是无比幸福的。可是事实真的是这样吗？

其实孩子想要的东西非常简单，他们的愿望常常是诗意而浪漫的。孩子的愿望清单上排在第一位的，是拥有一个完整的家庭，有爸爸、妈妈，如果有爷爷、奶奶、外公、外婆那更好，而且大家都要健健康康的。孩子最需要的是来自父母、兄弟姐妹和亲朋好友的爱。相比之下，玩具、好吃的东西、漂亮的衣服，这些东西在孩子心中的排名并没有那么靠前。

拥有很多的玩具并不能保证孩子一定不会感到孤独和无聊，因为现在越来越多的孩子为独生子女，父母上班，他们独自待在家里，既没有兄弟姐妹，也没有办法出去跟同龄人一起玩。

以前家家户户都有院子，不同年龄的孩子都聚在庭院里一起玩，但是那样的时代似乎已经结束了，如今父母能陪孩子的时间越来越少，孩子最好的玩伴成了电视机，经常坐在电视机前一看就是几个小时。

跟孩子一起玩耍的重要性

陪着孩子一起玩耍，仔细观察孩子游戏时的反应，是了解孩子、探秘他内心世界的绝佳机会，因为在游戏的过程中，孩子会流露出语言无法表达的情绪和感情：他想要成为谁，想变成什么样的人，什么东西让他着迷，哪些事情让他困惑。在玩的时候，他还会用自己的方式对父母或哥哥姐姐的行为进行模仿，孩子通过这种模仿来应对每天困扰着他的问题，通过不断地尝试，最终找到解决问题的办法。

妈妈和爸爸能送给孩子的最好礼物就是抽出时间跟他们一起玩耍，而且这段时间要排除一切干扰，全身心地投入：跟孩子一起玩耍的每一分钟都会让你和孩子的关系更加亲密，这种亲密的关系会成为孩子内心的宝藏，里面盛满了积极向上的情感资源，即便是等孩子长大了，他仍然会有意识或无意识地从这份宝藏里汲取正能量，变得更从容，内心更强大。

游戏最重要的意义，就是帮助孩子实现和成人（尤其是和父母）的互动。但是如今很多爸爸妈妈却把这件事情交给了爷爷奶奶、外公外婆、叔叔阿姨或保姆等人，让他们代替自己去完成陪孩子游戏玩耍、倾听孩子心声的任务。这些父母很少有空陪孩子，而且大部分时间都不在家里，这种情况很容易阻断和孩子之间的交流，造成亲子关系的断裂。现在人们已经普遍意识到家庭对孩子的重要影响，家庭环境是我们提供给孩子的第一个自然学习环境，同时，家庭关系还会深刻地影响孩子的性格和社会交往能力。游戏是儿童最好的、最重要的活动，父母通过和孩子一起游戏，可以促进孩子的心理健康发展，有利于孩子情绪和感情的表达，帮助孩子形成道德意识和社会观念，提高孩子运用自己的聪明才智解决问题的能力以及对环境的适应能力。

儿童通过游戏长大，而大人通过游戏回到童年。

 和孩子玩耍时的注意事项

·不要不断地给孩子提出各种建议，最后却让孩子一个人去解决问题；让孩子主动参与到游戏中来，交给他完整的任务，让他积极发挥作用。

·我们是成年人，肯定比孩子更机敏，我们不要掩盖这一事实，但是同时也要注意不要羞辱孩子。不要故意输掉游戏或故意犯错让孩子获胜，也不要刻意强调自己比孩子厉害，因为这样会让孩子丧失信心，觉得自己不行，有时还会惹孩子生气，甚至让孩子产生羞耻感。

·鼓励孩子去参加那些符合他的性格、能激发他的好奇心、引发他兴趣的游戏。

·不要忘记学习的过程是在尝试和犯错中进行的，因此如果孩子弄得一团糟或把玩具弄坏了，我们不要大声斥责他，要看看孩子心里是怎么想的。随着年龄增长，他自己会学着好好对待自己的玩具，他会明白"玩具万一坏了就玩不了了"。责备孩子只能扼杀他们的好奇心和主动精神。

· 不要一直命令孩子不要乱动、保持安静、玩的时候不要把身上弄脏。这样的命令会让孩子产生挫败感和不必要的恐惧，不利于孩子身体的健康发育，因为好动是儿童的天性，这种天性是精神运动能力①正常发展的基础。

和爸爸一起玩太开心了！

喜欢和自己的孩子待在一起，而且满怀热情，跟孩子一起玩的时候感到非常开心，这样的爸爸才是一位优秀的爸爸。

一起玩什么游戏其实不是那么重要，重要的是爸爸要全身心地投入，不要一边陪孩子玩，一边还想着工作的事，或是惦记着电视上的某场比赛（一起看电视倒是比什么都不一起做好，但是未必能加深父亲和孩子之间的了解）。通过游戏，爸爸和孩子打成一片，一起大笑，一起展开想象的翅膀，有助于父子或父女之间建立起默契而亲密的关系，这种强烈而深厚的感情永远都不会褪色。爸爸强壮有力，富有实践精神，而且经验丰富，他能鼓励孩子去探索世界，去创造新的体验，因此爸爸所扮演的角色跟妈妈是完全不一样的。

但是，爸爸们要注意，不要在孩子面前过分"显摆"自己的能力和技术，也不要过分强调自己的优越感，因为孩子早就知道爸爸

①精神运动能力或心理动作能力，是指由心理历程（包括大脑活动）支配的动作能力，包括手部灵活（如动作协调、准确性、速度等），但有些也涉及手臂或足部的大肌肉运作。

很厉害，他比谁都清楚。

如果是女儿，爸爸要表现得温柔、绅士，而且不吝赞美，因为对女儿来说，爸爸代表着男性的楷模，她一生中对男性的看法都会以这个楷模为参考标准。

第二章

传统的玩具

情感型玩具

跟妈妈分开的时间总是显得非常漫长，为了填补妈妈不在的空白，每个宝宝都会拿一个柔软的玩偶来"代替"妈妈，宝宝紧紧地抱着它，想象着妈妈的样子，在脑子里重新建立起跟妈妈的联系，这种玩偶就叫作"过渡期物品"，它是宝宝第一个爱的对象。

因此，泰迪熊或其他毛绒动物玩具对儿童（不论是男孩还是女孩）的情感认知发展起着非常重要的作用。孩子们最喜欢的玩具之一就是洋娃娃，曾经人们认为只有小女孩才应该玩洋娃娃，但是现在我们知道了，喜欢玩洋娃娃是所有孩子的天性，在跟娃娃玩的过程中，他们会模仿爸爸妈妈、保姆或托儿所老师的行为（所以通过观察孩子玩游戏时的行为，我们可以知道孩子在托儿所有没有感到压力或受到虐待），以此来重温与父母或其他照顾自己的人之间的

重要的情感体验，抒发自己的情感，展现自己的内心世界。

例如，如果妈妈刚生了个小弟弟，有的孩子会在这时候开始虐待他/她的洋娃娃（小男孩外形的），或是把洋娃娃藏起来，通过这种方式来发泄内心的嫉妒。这时候，我们应该允许孩子公开地发泄这种情感，不要责骂他们，也不要让他们产生负罪感。我们可以跟孩子一起，对洋娃娃说一些温柔的话，深情地拥抱和爱抚它，帮助孩子和洋娃娃重新"和好"，恢复平静的关系，这样做是为了让孩子感觉到他的行为并没有给洋娃娃造成不可挽回的伤害，从而教给孩子"以柔克刚"的道理，告诉他有时候温柔和爱可以化解敌意和暴力。

初级的游戏与复杂的游戏

儿科专家马切洛·贝尔纳迪（Marcello Bernardi）解释说："孩子喜欢的最初级、最原始的玩具其实是人类的身体和四种要素（土、水、火、气）。对婴儿来说，妈妈的身体是最美妙的"玩具"，除此之外，他自己的身体也同样有吸引力。儿童还喜欢玩泥巴和倒水，看到火的时候会深深着迷，看到有东西在空中飞舞，比如风筝，他们也会欢呼雀跃。

"孩子最常用作玩具的东西大致有三种：洋娃娃、球和武器。无论对男孩还是对女孩来说，洋娃娃都是孩子自我的投射，代表着孩子自己，尤其是孩子个性中敏感的女性特质。

"球是球类游戏中孩子用来运动、投掷和追赶的主要工具。而武器则是孩子对自我的肯定，尤其是对个性中男性特质的肯定。随着孩子年龄的增长，孩子们所喜欢的玩具会变得越来越精细，越来越'商业化'"。

象征性的游戏或角色扮演游戏

整个童年时期，儿童都可以借助游戏沉浸在幻想的世界里。在他们的世界里，一把简单的扫帚可以变成一匹忠诚的骏马或一辆跑得飞快的摩托车，一个大纸箱可以变成一座童话般的城堡或一艘太空船。孩子喜欢玩"我们来假装……"的游戏，在这个游戏中，所有东西都能用得上：空盒子空罐子、废弃的旧电话机、妈妈的鞋子、爸爸的围巾。当然了，也有很多专门为这种象征性的角色扮演游戏而设计的漂亮玩具。

心理学家让·皮亚杰（Jean Piaget）认为，象征性的游戏是孩子进入"表征阶段"的典型表现，表征阶段是儿童的一个心理发展阶段，一般是在18~24个月到6岁，在这个阶段儿童会发展起模仿能力、想象力和在头脑中再现他曾经见证过的（或是从电视上或其他地方看到的）事物、人或情形的能力。比如，孩子会模仿妈妈照顾小弟弟的方式去照顾洋娃娃，或者玩角色扮演的游戏，扮演医生和病人、老师和学生、酒吧招待员和顾客、餐厅工作人员和客人，等等。

这类游戏可以让孩子自由发挥，使用多种不同的物品，进行各式各样的模仿。现在有很多玩具就是专门为这类游戏设计的，比如迷你小房子和小厨房、微型平底锅和小桌布、商店、印第安人帐篷或因纽特人冰屋、仿真医药箱、乔装西部牛仔或吸血鬼的材料等。孩子们用这些玩具模仿大人的行为，并借助自己的想象力对其进行调整和修改，他们以过去的经历为素材，根据自己的喜好对其进行加工重组，然后重新表演出来。因此，不论是现实世界的事情还是纯粹的幻想世界里的东西，都可以成为孩子们想象的对象，这正是这种游戏最大的魅力，它纯粹是孩子"肆无忌惮"地追求快乐的一种方式，跟现实生活中任何情景都不一样，因为在现实中总是要有限制和约束，总是要孩子为了适应周围的环境而做出让步。

厨房里的游戏

以前厨房是每一个家庭的"心脏"，但是现在父母越来越倾向于让孩子远离厨房，因为害怕孩子弄脏衣服、打翻东西或制造其他麻烦。这其实是很可惜的一件事，因为准备食物的过程为大人和孩子提供了一个很重要的交流机会。厨房是一个"实验室"，在这里我们可以创造非常有趣的体验，孩子需要充分调动大脑和身体，既要动脑分析，又要动用各种感官去亲自参与：他们可以观察父母的动作以及各种步骤的顺序，用鼻子去闻食材的芳香和品尝食物的味道，他们可以品尝，也可以动手操作……这对孩子来说是一个非常有意思的探索过程和学习过程。

当我们时间有限而且要做很多食物的时候，"小厨师们"的"帮助"确实会让人觉得碍事，但是我们仍然可以在厨房里留一个角落给孩子，在那里他们可以拿着他们的玩具小锅、小盘和其他厨房用具，模仿大人的动作"做饭"，这种游戏有助于孩子和食物建立更好的关系。

有教育意义的玩具

童年的本质就是游戏，游戏教给孩子如何生存，帮助孩子发展智力，它的作用是任何学校教育都代替不了的。因此，游戏绝对不是打发时间，更不是浪费时间，但前提是游戏的节奏和内容都要顺应孩子的想法，而不是由成人规定、在成人的强迫下完成。

3~6岁的孩子尤其需要自由表达自己想法的机会。这时候只给孩子玩所谓的"有教育意义"的游戏，着急让孩子去学习所谓有用的东西，催促他们过早地为成年生活做准备，不仅不能让孩子变得更机敏，反而浪费了本该富有创造力和想象力、本该无忧无虑的童年时光。

游戏就是游戏，玩游戏的目的就是玩！

任何以激发儿童早期学习能力为目的的玩具，不论采用多么先进的现代科技，都不能忽略这三个因素——无忧无虑、创造、想象，绝对不能以压制孩子的想象力为代价。

我们给孩子挑选玩具的时候，不要选择那些迫使孩子被动遵循固定计划和规则的玩具，要优先选择创造性和互动性更强的玩具。而且，开始时玩具的难度要适中，有些玩具在孩子操作正确或错误的时候会发出刺耳的声音，这样的玩具最好不要；我们还要选择方便大人一起参与的玩具，这样我们能和孩子开心地一起游戏。为了更健康和谐地成长，儿童还需要那些帮助他运动、让他自由创作和搭建喜欢的东西的玩具，尤其是能让他尽情发挥自己非凡想象力的玩具。

创意型玩具

意大利首位女性医生、19 世纪著名教师和教育学家玛丽亚·蒙台梭利（Maria Montessori）说："手，是掌管智力的器官。"尤其是对学龄前的儿童来说，多做一些锻炼动手能力的游戏，不仅能帮助孩子成长，还能让孩子更好地理解自己的哪些动作会产生怎样的结果，从而增强孩子对自己动作的掌控力。这类玩具的家族非常庞大，可供的选择非常多样化。

> **该不该给孩子买玩具武器？**
>
> 大部分家长都希望自己的孩子友善、宽容、性情温和，因此不太情愿（有的甚至明确地表示厌恶）给孩子买玩具武器。当孩子在玩具店指着手枪和坦克说"想要"时，父母总感觉有点不舒服，害怕给孩子买这种玩具会助长他的暴力倾向。但是事实上，无数小时候曾经拿着玩具武器发动"战争"

的孩子，长大以后也都变成了性情温和、爱好和平的成年人。小时候之所以喜欢这些武器，可能是因为面对年龄比自己大的小伙伴的欺压和成年人的"强权"，小家伙们非常弱小无助，手里有个"手枪"能让他们感觉自己更强大一些。

海尔格·格德勒（Helga Gürtler）在其《儿童需要规则》（*I bambini hanno bisogno di regole*）一书中写道："我们的文化是崇尚力量和竞争的文化，这种文化要求年轻人必须克服自己的弱点，成为'真正的男人'，而武器恰恰满足了儿童的这种幻想。"（雷德出版社，米兰，1999）

她也承认，不给孩子买或不送给他们玩具武器并不能解决问题，因为这些玩具对很多孩子来说吸引力实在太大了，简直不可抗拒。同时，玩具手枪其实可以帮助孩子发泄好斗的情绪，减少孩子的攻击性行为，因为假装用手枪射击玩伴，总比真的动手打架要好得多。

最好的态度应该是尽量保持中立：如果孩子想要枪和剑，那我们就满足他们的需求，也不必感到焦虑不安。如果孩子没要这些东西，那我们就尊重他的选择，不要主动给他们买。

水、沙子和泥土

孩子们喜欢探索各种物质的特性，比如水、土、泥、沙子等，他们能玩出各种花样，这时候一定要允许孩子玩，但是同时要有成人在一旁看着。孩子通过用手触摸和把玩不同的物质，会体验到美妙的触感，感官上的感觉又会带来情绪上的变化，丰富孩子的感受体验和理解体验。例如，孩子喜欢挖洞，喜欢把手从各种材料中穿过去，这种动作有助于培养孩子的空间感，帮助孩子理解诸如内与外、上与下、满与空等概念。

土给儿童提供了趣味性很强的嗅觉刺激和色彩刺激。水是最"活泼"、多变、富有吸引力的一种物质，因此很多儿童都对水情有独钟：他们可以把水倒来倒去，可以把手伸进水里玩，也可以用海绵吸水；他们可以观察到哪些东西放到水里会漂浮着，哪些东西会沉到水底；他们还可以把玩具或洋娃娃的衣服泡进水里清洗。玩法实在太多了。

能让孩子接触沙子、土与水的游戏和玩具往往是非常受欢迎的，特别是2~6岁的儿童更是对这些东西着迷。

纸、彩笔和剪刀

从两岁开始，儿童就跃跃欲试地开始画画了，他们会拿铅笔和水彩笔在纸上划出弯弯曲曲、断断续续的线条，或是弄一团看不出是什么的涂鸦。如果我们允许孩子自由发挥、不断尝试，几个月以后他们就能学会控制自己手部的动作，真正开始画画了：一开始可能只能画一些圆形、螺旋形和其他形状的符号，但是他们能准确地解释出这些符号分别代表着什么含义；慢慢地他们就开始画更复杂一些的东西，随着年龄增长，他们笔下的图案会变得越来越精细。

画画是最自由、最能带来成就感的表达形式之一，因此，对孩子来说，蜡笔、水彩笔和各种颜料是非常棒的"玩具"，能鼓励孩子自由大胆地去表达自己想表达的东西。我们让孩子自由创作就可以了，尤其是在 3 岁以前，不要试图"教"他们怎么画，也不要强迫他们模仿某个作品，更不要批评或指正他们的作品。

> ### 📎 玩具武器会让孩子变得暴力吗？
>
> 儿科专家马切洛·贝尔纳迪认为，"玩具武器会诱导孩子变得暴力"的观点是站不住脚的。武器本身会让人更谨慎、更文明：因为人们心里知道武器是有杀伤力的，因此对待武器要尤为小心谨慎，既要控制好武器，也要控制好自己。
>
> 从另一方面来说，从远古时期开始，武器就是流传最广、最受欢迎的玩具，它代表着儿童对自我的肯定，尤其是对自己身上男性特质的肯定。而且，武器也不仅限于枪和剑，如果使用不当的话，切面包的刀、砸钉子的锤子也都是武器，甚至是一个木头架子，如果孩子拿起来砸在另一个小朋友头上，那它就变成了武器。所以根本没有必要纠结该不该给孩子买玩具武器。
>
> 真正决定孩子会不会变得暴力的，是父母有没有做好榜样，以及父母教育孩子的时候有没有向他们传达正确的原则。

我们可以跟孩子提议画个小动物、画一个人或画某个东西，但是主要目的是创造跟孩子对话的机会。画画和涂鸦一方面可以锻炼孩子的能力，另一方面可以帮助孩子表达内心深处的情感和恐惧，这些情感他们可能无法用语言表达，但却可以用画笔描绘出来。

从幼年开始，画画便对孩子的身心发展起着极其重要的作用：它可以锻炼孩子对双手的控制能力，使眼睛和手的配合更加协调，提高心理动作能力，也可以作为有效的心理疗法治愈孩子情感上的小问题，同时还能帮助孩子为将来读书写字奠定基础。通过画画，孩子可以展现自己的个性，增强自信心。通过分析和阐释孩子画的画，老师和心理学专家不仅可以评估孩子身心发育的程度，还能发现和治疗孩子潜在的心理问题。

橡皮泥

我们要给孩子创作的空间，让他们充分发挥自己的想象力，他们玩橡皮泥的时候可能会反复地捏好了又毁掉、毁掉了再重新捏，我们要允许他们这么做。不要给予孩子过多的指导，干扰孩子的思路，面对他们的"杰作"，要欣然接受孩子给出的解释，不要太较真地驳斥他们：如果孩子说他捏出来的那坨红红的东西是头凶猛的狮子，在他的想象中它就是一头狮子。

积木

积木在各种游戏中处于过渡的地位，在儿童的思维发育过程中也起着过渡的作用，因为它在象征主义和现实的规则之间架起了桥梁，把象征性游戏的想象力与创造力和现实的可行性、实际的组织能力融合在了一起。孩子的想象力要受到现实材料的制约，但是这些材料又能在孩子灵巧的小手中变形、重塑。对孩子来说，搭建的过程就是创造的过程，他不断地尝试，不断地试验新的搭建方法，这是一个与自己、与世界全然和谐共处的过程。这个过程可以加强孩子的逻辑思维能力，如果能得到适当的刺激，将会有效地提高孩子的认知能力。

孩子在玩创意型的玩具时，我们要不要帮忙？

为了让孩子充分享受用自己的双手和想象力创作出东西的快乐，我们的干预一定要适度，让孩子完全按照他的意志自由创作，我们只要负责给他提供材料和合适的空间就够了。避免强迫孩子遵守条条框框的规定，不要总是命令孩子坐端正，不要把身上弄脏，不能使用胶水，禁止使用水彩。

这种创意型的游戏，孩子可能连续好几天才能完成一个"作品"，因此，我们最好给他找一个平时不太用得到的地方，让孩子可以尽情地玩，玩完以后就摆在那里，这样可以保留每天的进度，不必每次都从头开始（所以尽量不要选择饭桌、床前的地板上等）。

可以演奏音乐的玩具

人们自古以来就知道音乐能影响儿童智力发育和情感发育，但是最近 25 年的科学研究表明，听音乐对刚出生的婴儿也能产生重要作用：音乐不仅能让婴儿放松，还有助于婴儿听觉系统的发育，培养婴儿的平衡感。

才 8 个月大的婴儿，听到音乐的旋律就会手舞足蹈，胡乱地拍打双手、挥动手臂；接近 9 个月时，婴儿能跟随歌曲或音节的部分节奏，咿咿呀呀地发出声音。因此，即便是年龄非常小的宝宝也抵挡不住音乐的魅力。与音乐相关的玩具（音乐盒、木琴、钢琴、小型电子琴和其他专门给儿童设计的迷你乐器）对孩子有着特殊的吸引力，永远都会是一种非常受孩子欢迎的礼物。

音乐能激发孩子的想象力，这一点是确信无疑的：过去人们认为孩子的创造力是天生的，但是现在我们知道，环境因素对孩子音乐才能和其他艺术才能的培养也发挥着巨大的作用。

精神病学家、心理治疗师、米兰 Minotauro 心理分析研究所所长（Istituto di analisi dei codici affettivi Minotauro）古斯塔沃·彼得罗波利·沙尔梅特（Gustavo Pietropolli Charmet）说："乐器是多么美好的东西。我们教育体制中最大的问题之一就是学校里不教孩子弹奏乐器。教孩子弹奏某种适合他年龄的、需要稍加训练才能学会的乐器，锻炼他的听力、认知能力以及对身体精细动作的控制能力，这样的音乐教育应该是基础教育一个重要的组成部分。

"当我们获得了一种新的交流方式，就像掌握了一种新的语言，我们的表达能力得到了加强，在这种语言的驱使下，为了更好地表达我们内心的想法、抒发自己的情感，我们还会去学习使用新的工具，有时候甚至是非常复杂的工具。音乐就是这样一种交流方式，而所有类似的交流方式还有一个重要功能——让一个人在社交生活中更受欢迎，更容易让别人产生好感：

"比如公司里有个小伙子会弹奏某种乐器，那么他的吸引力就会更强。"

创新精神

20世纪50年代。某个小镇某个角落的某个厨房里，一位母亲正把罐头一个个打开，然后倒进高压锅里。她的儿子是个小童子军，喜欢拍电影，很想得一个导演奖。他爸爸给他买了Super 8摄影机。这一天，小男孩突发奇想，想要拍一个恐怖电影，其中有一个镜头是从厨房的柜子下方流出黏稠的"血液"。所以妈妈出门去买了30罐樱桃酱，回来把它们倒在高压锅里，希望能熬制出儿子想要的那种黏稠的红色液体。遇到同样的情况，一些母亲可能会对儿子大喊："你赶紧出去玩吧！我可不想家里到处是这种恶心的玩意。"但是这位母亲没有这么做，她不仅赞同儿子的想法，完全给他创作的自由，允许他把家改造成了"电影制片厂"，让他随意移动家具，设置布景，还帮助儿子制作表演用的服装，并且在"电影"里出演角色。当儿子说想要去沙漠里拍一个场景时，她就亲自开着吉普车陪他去沙漠。多年以后，这位母亲回忆说她花了好些年才把厨房柜子上留下的"血迹"清理干净。这个小男孩是谁呢？他的名字叫史蒂文·斯皮尔伯格（Steven Spielberg）。

（选自丹尼尔·高尔曼的书——《创意精灵》）

户外玩具

现在的孩子早早就被卷入了成年人的生活：他们要很早起床，大部分时间都不在家里，有精准的时刻表，每天都被安排得满满当当。他们像小囚犯一样被关在幼儿园、学校或家里，眼巴巴地盼望着周末和暑假的到来，那时候他们才能出去到外面玩一玩。

儿科专家和心理学家也指出，现在的孩子只能用零碎的时间去户外活动，这实在是太少了，不利于孩子的身心健康。这一问题在北方地区的大城市（意大利北方是工商业中心）尤其严重，因为那里的气候和居住条件不利于进行户外活动。

孩子们其实很需要这些活动，他们需要拿着球、水桶和小铲子还有球拍出去玩，应该出去骑三轮车或自行车，穿上溜冰鞋去溜冰，拿着绳子去跳绳，而且次数越多越好。然而现实是，他们天天都在玩所谓的有教育意义的玩具，玩电子游戏，看录像带和看电视（现在的孩子待在电视前的时间实在是太多了）。

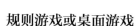

规则游戏或桌面游戏

这类游戏非常多，有适合各个年龄段、满足各种偏好的种类，从最简单的（如赛鹅图①）到最经典的（如大富翁 Monopoli、甲虫填字游戏 Scarabeo、猜谜大挑战 Trivial Pursuit），从最古老的（如多米诺骨牌游戏）到最现代的（如采用最受欢迎的电视转播形式播出的游戏"谁会成为百万富翁？"），从现实主义风格的到以魔幻王国为背景的。总体来说，这些游戏都集合了运气和技巧、文化知识积累和游戏策略：这样赢了的人会很有成就感，觉得自己是最优秀的，而输了的人也可以安慰自己说是因为自己运气不好。

桌面游戏（简称"桌游"）是非常有意思的一种游戏门类（7~8岁以上的人群尤其喜欢玩桌游，其中男性比女性的热情更高），其产品种类丰富、变化多样，但是在意大利并不像在德国、英国、法国等其他欧洲国家一样流行，这可能是由于在典型的意大利文化观念中人们更倾向于认为这些游戏只是"哄孩子乖乖待着"的一种方式，并不具有多么重要的教育功能。同时，如果没有成年人的指导和监督，年龄比较小的孩子可能很难理解并遵守游戏规则。但是不让孩子们接触桌游其实是很可惜的，因为这些游戏很有趣也非常有教育意义，一般需要多个人一起参加（因此能鼓励孩子与同龄人进

---

①赛鹅图，是出现于 16 世纪欧洲的掷骰游戏，通常使用两颗骰子来决定代表鹅的棋子的前进步数，最先抵达终点的人为胜利的一方。棋盘称为鹅园，分成六十三格，每格画有客店、骷髅、桥、盘陀路等图案。第一和第六十三格各画一只鹅，从第九格起每隔九格又有一格画有鹅。走到一格时则按照格中图案所指示的方法走步。——译者注

行社交），能激发孩子的合作精神和竞争精神，培养孩子的逻辑战略思维以及规则意识。

> 桌面游戏是谁设计的？
>
> 　　有些桌游是由玩具公司开发的，这些公司内部有专门的创意团队，他们富有想象力、敏感度、直觉和好奇心，通过与心理学家和教育学家的合作，全职负责新产品的研究和开发。
>
> 　　也有一些公司不做开发，只做新品的测评和收购，他们会瞄准能开发出成功游戏的外部开发者，从这些开发者手里购买（有时候是高价购买）新游戏。
>
> 　　另外还有专业的游戏设计师。比如美国桌游设计师亚历克斯·兰多夫在威尼斯有一家工作室，他们专门设计新游戏，通过仔细评估和平衡各种因素来确保游戏成功的概率更大，如内容是否新颖、游戏机制和规则的复杂程度、策略元素、智力元素、竞争元素以及赌博的成分等。

书籍

　　书籍是一种珍贵而有趣的工具，它不仅能丰富孩子的语言，还可以帮助孩子创造一个跟父母、祖父母或哥哥姐姐共处的机会，在亲人的陪伴下读书的时光总是温馨的，能让孩子感到无比安心。送孩子书是一个非常好的选择，因为我们送给孩子的不仅仅是一本书，还有陪伴他的时光。阅读就像吸引人、给人带来快乐的游戏，能激发孩子的想象力和创造力，父母应该尽可能早地读书给孩子听，用声音把孩子引入阅读的大门。

0~3 岁，儿童的大脑会建立起神经元连接网络和认知体系，这个体系的广度和复杂程度很大程度上取决于孩子受到了多少外界刺激，比如他看过多少图像、听到过多少语言。儿童心理学专家认为，2~3 岁是决定孩子将来能不能成为一个阅读爱好者的关键时期。因此，除了其他类型的游戏，最好要尽早地让孩子接触书籍，我们不仅要培养孩子看书的习惯，还要鼓励孩子自己挑选他们比较感兴趣的书。现在的童书除了有精美的插图，有些还能带给孩子触觉刺激（触摸书），也有的打开后能呈现出三维立体的造型，是可以变成玩具的书：这些新奇的书能激发孩子的好奇心，锻炼他们的动手能力，促使孩子将所听到的或所读到的内容和动手过程结合起来，碰撞出思维的火花。

因此，孩子的房间里除了有家具和玩具，还应该有各种内容活泼、色彩丰富的书籍，这些书也可以成为孩子真正的玩伴，陪伴小家伙们度过愉快的童年时光。

童话的重要作用

童话故事里不仅有人，还有会说话的动物、幻想出来的人物、巫师、魔法师、精灵、各种有生命的物品、城堡和魔法森林，童话就是关于生活的美妙寓言。里面的人物很有象征性，从他们身上很容易看到人性中的优点和缺点，以及他们遇到了哪些困难，最后如何在他人的帮助下解决了问题；而且他们如果想获得成功还必须遵守道德规范，因为在童话中，正义总会战胜邪恶，所有邪恶的人最终都会被打败。

从童年早期开始就给孩子读童话和故事对其身心发展非常有利，因为这种方式可以促进孩子右脑的发育，而右脑是大脑中掌管创造力和潜意识的主要区域。2~3岁的孩子已经能够非常认真地听我们讲故事了，而且他们还能把故事情节记得很清楚。如果一遍又一遍地读同一个故事，每次都用完全一样的字句，而且模仿里面人物说话时的语调每次也都保持一致，那么我们之后每次给孩子读这个故事，都能让孩子回想起前一次甚至更久之前听这个故事的时候他们所体会到的那种快乐和正能量。如果晚上或孩子睡前我们再讲同一个故事，孩子就会感觉气氛变得平静而安稳，然后很容易就能安心入睡。

对于年龄大一些的儿童来说，通过童话故事，他们能跟随主人公的脚步去认识并体会一些强烈的情感，而不必亲自去冒险，比如爱情、嫉妒、仇恨、勇气、惊奇、恐惧、快乐和痛苦。奇妙的故事帮助他们理解什么是斗争、什么是困难以及如何克服困难、什么是冲突以及如何解决冲突，同时还能传达给他们积极的态度，因为无论童话故事的情节多么复杂，主人公历经多少艰难险阻，最后的结局总是美好的。孩子会把自己想象成故事里的英雄和胜利者，这些人的经历告诉孩子，善良的人用自己的智慧、谋略和优良品德一定能战胜邪恶，孩子会以他们为榜样，学会如何面对复杂的生活。

第三章

特别的玩具

生态友好型玩具

现在市面上出现了越来越多的生态友好型（环保型）玩具，这种玩具蕴含着对自然的尊重，能让地球上的这些小成员认识到可持续发展的重要性，有助于把环保意识和责任感融入孩子的生活之中，让孩子将来有希望生活在一个更洁净、更宜居的星球上。

幸运的是，近几年来我们给孩子生产的玩具不仅更加美观有趣、互动性更强，还出现了越来越多具有环保意识和人道主义精神的新型玩具。这些新型玩具的原材料和制作过程都符合尊重自然、尊重人类的原则，使用诸如棉花、象牙果（或植物象牙）、纸箱或由 FSC（Forest Stewardship Council，森林管理委员会，负责追踪木制品从森林到消费者的整个过程，从而控制木材的合法及可持续来源）认证的"森林友好型"木材等天然的、可生物降解的材料，借助曲轴发电或太阳能供电系统，同时这些公司在生产过程中确保按照公平贸易标准雇用劳动力，不存在任何剥削压迫劳动力的情况。

这类玩具多得令人眼花缭乱。例如，有 100% 纯棉制作的漂亮洋娃娃，采用环保无毒的染料染色，从热带植物提取天然纤维作为填充材料，由斯里兰卡的工匠手工制作，并且给他们公平合理的报酬；也有用天然纱线钩织的洋娃娃或玩偶（小猪、小鸭子、企鹅、大象等），有的玩偶甚至用从回收的旧衣服中提取的再生羊毛制成，用再生聚酯纤维作为填充材料。

有纯天然的彩色或原色积木，所有的积木块和小士兵都由完全可生物降解的材料制成，这些材料从玉米中提取，然后选用可食用的无毒色素进行染色。

还有以玉米淀粉为基本原料制作而成的小球，用水沾湿以后这些小球就会变得黏稠柔软，从而变成"橡皮泥"。

再比如美国伯克利 Zen Design Group 设计公司的设计师 Sun Yu 所开发的新型玩具系列，里面包含汽车、鲨鱼、恐龙、老虎以及其他角色。它们可以动，能发出声音和灯光，但是并不像一般的玩具那样用电池供电，而是靠手动发电：将玩具上的手柄转动 60 秒，就能玩 15 分钟。

还有很多可以让小朋友自己动手组装成机器人（小狗、小汽车、船、飞机）的小套装，它们都采用太阳能供电，价格也非常便宜。

除此之外，还有一种材料被广泛用于制作各种玩具（洋娃娃的房子、玩具车库、迷你剧院、飞机模型、玩具摇摇椅），它就是再生压缩纸板。这种材料不仅环保，而且重量轻，非常便于移动；这些玩具旨在最大限度地激发孩子的想象力，因为它们本身没有颜色也没有任何装饰，孩子们要自己动手用油漆、彩色纸、贴纸、蜡笔、水彩进行装饰；而且更好玩的是，孩子还可以根据自己的想法进行拆卸和重组，比如给摇摇椅装上不同动物的头，它就可以变化成多种动物：小马、龙、海豚、独角兽或小怪物。

> **采用天然材料制作而成的玩具**
>
> 这些玩具不但美观，而且对儿童的成长也有好处，因为天然的材料更能满足小朋友寻求感官体验的基本需求，这种玩具可以供孩子在日常生活中尽情地观察、触摸和嗅闻，因此可以带给他们更多的感官刺激。
>
> 一般来说，用天然材料制成的玩具其安全性也更有保证。但是加工过程中的最后一道工序（如着色和上漆）如果使用了不符合法律规定的有毒物质，就有可能会改变材料的化学成分，对于这一点我们要提高警惕。

给孩子最原始、最简单的玩具

根据华德福教育创始人斯坦纳的教学理论，幼儿需要在游戏（虽然是在玩，但儿童其实是严肃而认真的）中不断地寻求变化、不断地创造出新的东西：对孩子来说，玩的意思就是"乐在其中"，他们重视的是这个过程，因此不要给孩子买那种完美而精致的、没有任何改进空间的成品玩具。他们需要能激发想象力的玩具，能按照自己的想法自由地尝试、不断从中发现新的东西。只有这样才能给孩子的心灵注入更多营养，蕴含在孩子身体里的能量才能在童年时期被激活并得到加强，为学龄阶段以及之后的生活奠定更好的基础，转化为更大的潜力。

这套理论基本的理念是，我们给孩子选择的玩具必须要简单，数量相对要少，形状简洁，而且最好用料天然、手工制作。孩子可以充分发挥自己的创造力把玩具摆弄出各种形状，从而激发他们的想象力。

其中非常值得一提的例子就是玩具布料：各种颜色的丝绸布头，尺寸各不相同，在孩子手里可以变成洋娃娃的衣服、小连衣裙、披风、帽子、乔装用的衣物、旗帜、帐篷、小房子，甚至是玩偶、提线木偶或手指玩偶。

童年时期孩子其实不需要复杂的、机械类或电子类的玩具，这些东西过于僵硬、目的性太强，不够亲切。那些留给孩子更多空间、让孩子能依照自己的想象力而动手改造的玩具会好得多，比如积木，能盛放和运送松果的小车，石子或木块，小火车，颜料和纸张，需要自己完成插图（最好是水彩画）的童书，或者设计简单、用羊毛填充起来的柔软的娃娃，而且只有大体的身体轮廓就可以了，五官不必过于精细（两只眼睛和嘴巴分别用一个小点代替），这样孩子可以按照自己喜欢的方式去进行个性化的阐释，他们根据自己心情的变化，每次都会从一个新的角度去阐释娃娃的表情。

华德福教育模式

鲁道夫·斯坦纳（Rudolf Steiner，1861—1925）是一位哲学家、教育家、秘教主义者，也是人智学创始人。他认为人通过培养和发展自己的心灵、艺术修养和精神力量，最终可以认识超感觉的世界。1919年，德国华德福－阿斯托里亚卷烟厂（Waldorf-Astoria）的老板为员工子弟建立了一所学校，并任命鲁道夫为负责人。"华德福教育哲学"的名称正是这么来的，其首要目的是培养人的自由灵魂，同时非常强调想象力的重要性。

华德福学校给孩子提供的都是一些粗糙而原始的玩具，可以有多种玩法，创造的空间比较大，目的是激发孩子的创造力。艺术课（绘画、雕塑、音乐等）和手工课（从针织到缝纫，再到纸艺、木工和金属加工）比重很大，发挥着至关重要的作用。华德福学校还反对儿童使用电视、电脑和其他高科技工具。相反，他们非常重视户外活动，无论什么季节，无论天气如何，孩子（穿戴合适的衣物后）都必须到户外去玩耍。

尊重孩子的成长节奏，为孩子提供合适的玩具

年龄小的孩子会模仿、接受和吸收所有的东西，他们还不会选择，也不会保护自己。因此，成年人的责任非常重大。

现代文明节奏快，社会非常浮躁，连这些最年幼的孩子也难逃压力：他们往往还不会走路，家长就盼望着他们快点跑，从一出生就想尽办法刺激和开发孩子的智力，想让他们尽快理解世界上的一切问题。但是，任何过分超前的刺激，任何不顾实际情况强迫孩子学习读、写、算术以及批评思维的行为，都有可能埋下隐患，有可能会造成日后神经脆弱甚至是某些器官的功能性障碍。

现在的儿童从很小开始就暴露在各种侵略性的刺激中，比如电视、电影、电子游戏、手机、音乐耳机、嘈杂的环境、频繁变换的地点，这些刺激会引发"感知贪婪"，即孩子安静不下来，需要不断地寻求新的刺激。这会妨碍孩子专注能力的发展。专注能力不仅对学习来说是必不可少的，而且倘若缺少这种能力，孩子也根本无法应对复杂而充满挑战的生活中的任何事务。

很多年轻人冷漠、缺乏斗志的表现，以及某些类型的成年人抑郁症，都可能是童年时期对"成长能量"过度开发引起的，儿童需要主动、有序和平静的生活，比如画水彩画、吹笛子，出门去花园里玩，自由地做游戏、玩玩具，这些活动既符合他们的需求，是他们想玩的东西，又能增强他们思维的想象能力和综合能力。

斯坦纳理论中适合 1~3 岁儿童的玩具

·洋娃娃

·柳条编制的简易婴儿车

·用柔软的布料做的球

·一篮积木

·木头做的小铲子

·雕刻出来的或裁剪出来的人物形象

·摇摆木马

斯坦纳理论中适合 3~5 岁儿童的玩具

·木制动物

·用于完成"大工程"的材料（木制画架、玩具布料、沙袋、小夹子、积木、桌子、长凳、椅子）

·洋娃娃

·给洋娃娃做衣服或包裹娃娃的布料

·给洋娃娃用的床单或睡袋

·各种小篮小筐和木制的小盘小碗

·各种人物和动物的玩偶

·带着车斗或车厢的木制小马

·木制陀螺

斯坦纳理论中适合 5~7 岁儿童的玩具

·给洋娃娃的衣服

·羊毛钩织的动物

·儿童绘本

·针线篮（剪刀、顶针、针盒、碎布料和彩色的线）

儿童对成年人的模仿

儿童的主要学习途径是模仿，这意味着成年人在他面前必须要非常活跃，所有的行为都要有意义，而且要保持每天、每周、每个季节的节奏。对孩子来说，妈妈洗菜或整理房间的动作跟爸爸洗车的动作一样令人兴奋。模仿这些对他来说有意义的动作，能带给孩子安全感，强化他的意志力，比口头上给他解释一千遍都有用。

玩具在蒙台梭利教育法中的作用

玛丽亚·蒙台梭利（1870—1952）是医生、教育家、哲学家、教育学家。蒙台梭利曾在罗马智慧大学精神病院负责智力障碍儿童的教育和康复工作，她为这些孩子准备了很多教学材料，这些材料就是她后来的教学方法的基础。

在蒙台梭利创办的"儿童之家"中，儿童3岁的时候开始通过教学材料接触字母和数字；在兴趣的引导下，一般4~5岁的孩子就会自发地开始学习读书和写字。玛丽亚·蒙台梭利说这个阶段的儿童具有"吸收性心智"，他们很渴望学习东西，并且能毫不费力地吸收大量教学内容。蒙台梭利所设计的教学材料让每个孩子都能学会某种技能，并且加以练习，然后由孩子自己决定接下来要学习什么材料，他们也可以自由选择在什么时间要进行哪些活动。虽然蒙台梭利教育法也注重培养孩子们的创造力、鼓励孩子们进行创作，但是其宗旨是让孩子"脚踏实地"：儿童还无法区分现实和想象，太多的想法反而会把他们弄糊涂，因此教会他们"脚踏实地"确实非常重要。

感官训练是玛利亚·蒙台梭利教育法的中心环节，她所使用的感官训练教具分为很多组别，每一组都是根据特定的物理性质（比如颜色、形状、尺寸、声音、粗糙程度、重量、温度等）划分出来的。例如，一组能发出不同音调声音的铃铛，一组色彩渐变的小桌子，一组形状相同、尺寸逐渐变大的几何体，或是一组大小相同但重量不同的物体。

每组道具都展示了某种特定的物理性质，而且体现出了这种性质的渐变，每组的第一个和最后一个道具是将这种性质"最大化"和"最小化"的两个极端，把这两个极端放到一起能形成鲜明的对比，非常能吸引孩子的注意力，引发他们的兴趣。这个过程清楚地教给了孩子如何区分和辨别不同的东西。

然而，为了进一步真正激发孩子的兴趣，蒙台梭利还把每样东西都借给孩子拿去玩，因为只是把东西摆在那里让孩子看、听或触摸是不够的，他们还要有机会搬动它、使用它，然后再把它还回去放在原处。

第四章

电子游戏

从 20 世纪从 80 年代末期开始，作为科技发展产物的电子游戏开始入侵儿童的世界。电子游戏的成功不仅归因于科技进步，还有其他多方面的原因，比如"跨越不同的难度等级逐步达成目标"的模式非常符合孩子们的心理，而且每次升级都是对复杂学习行为的重要反馈，能给孩子带来成就感。

　　在整个游戏过程中，玩家可以不断获得即时结果，比如玩得好就马上有掌声，或者有一个评分系统，可以根据玩家的表现给出得分。如果游戏中设计有隐藏的信息，随着等级的升高才能逐步揭示谜底，或是设计有非常能激发想象力的音频或视频，那么孩子对这种娱乐工具的兴趣就会更加浓厚。

　　但是我们在让孩子接触电子游戏的时候一定要非常谨慎，因为儿童正处于成长发育的关键时期，如果没有成年人的严格把关，这些游戏有可能会导致孩子自我封闭，与现实世界脱节。

对于年龄比较小的儿童来说，这些东西昂贵而复杂，并不适合他们玩。而且虚拟的游戏虽然是对现实的模拟，但却缺乏真实的感官体验（视觉、触觉、听觉、嗅觉和味觉），这些体验对儿童的成长来说是必不可少的。电子游戏、手机和电脑的广告铺天盖地，商家为了商业利益，正在把目光瞄准年龄较小的儿童——曾经我们一致认为童年是梦想、想象和发明创造的时代，是被成人守护着的、但又独立于成人世界的一个时代，这是我们在 20 世纪所取得的一项重大成就，但是现在看来，商家的这种做法有可能正在摧毁这项成就。

然而我们也不能因此就将电子世界妖魔化，因为很多电子产品可以帮助孩子学会使用现代化工具，这是非常必要的。当今时代的孩子在日后的学习和工作中不可避免地要用到这些工具，因此从这个角度来说，玩电子游戏有利于孩子形成符合时代要求的思维方式和行为方式。

但是，我们建议等孩子到了学龄阶段（6~7 岁）再送给他们电子游戏玩具，在这之前最好不要让他们接触。而且，我们要尽量给孩子选那些含有空间概念以及感知、推理等元素的电子游戏，以刺激孩子的记忆力和想象力，增强孩子的选择性注意力。

学龄前儿童使用电脑和玩电子游戏的注意事项

如今，新技术和电子互动玩具很显然已经成为我们文化和社会生活中不可缺少的一部分，儿童开始接触这些产品的年龄也明显越来越提前了。电子游戏的图像、颜色、声音和动作对儿童来说非常有吸引力，4~6 岁的小朋友就已经很会玩了，但是我们要注意加以控制，不能让孩子无所节制地玩。

有些电子游戏能让年龄非常小的孩子也玩得很开心，有助于培养孩子的注意力和思考能力，可以激发孩子的思维能力和想象力。但这些游戏同时也可能带来一定的问题和风险，因此必须要在父母的监督下才能玩，对此父母绝对不能掉以轻心。

以下情况尤其要注意：

· 把电脑当成保姆；

· 脱离周围的现实生活；

· 不参加集体性的活动；

· 缺乏（或完全没有）儿童正常所需的对身体机能的锻炼和对运动能力的刺激；

· 妨碍儿童的社交活动，阻碍他们与同龄人的交往；

· 忽视对儿童身心发育至关重要的其他活动；

· 在长时间玩电脑或玩游戏的过程中摄入过量食物；

· 坐姿不正确（导致脊柱受损），眼疲劳，手、手臂和颈部长时间处于紧绷状态；

· 电脑 / 游戏对任何行为都立刻给出“即时报酬”的机制，会误导儿童，把他们教坏。

4~6岁的儿童必须在成年人的监督下才能用电脑和玩电子游戏，而且每天不能超过一个小时。

玩电子游戏的确需要很多技能，例如比较、分类、手眼的协调等，但是这些技能应该在孩子接触电子游戏之前就让他们学会（通过画画、创作、玩橡皮泥或其他可塑性玩具、搭积木等活动），而不是通过玩电子游戏才开始培养。

PEGI 的游戏分级系统

PEGI（Pan-European Game Information, 泛欧游戏信息组织）游戏分析系统，是在整个欧洲地区被广泛使用和认可的、以年龄为标准进行分级的系统，2003 年春季推出以后，欧洲各国纷纷废除了之前各自的不同标准，统一采用这一新的分级系统。该系统以保护未成年人为宗旨，明确地指出电子游戏的内容适合哪一年龄段的儿童，是一种有效而和谐的方式。

这一游戏分级系统是由欧洲互动软件协会（International Software Federation of Europe，简称 ISFE）创立的，它得到了主要游戏控制设备制造商（包括索尼、微软、任天堂等）以及全欧洲所有的互动游戏出版商和开发商的支持。

PEGI 的游戏分级系统规定了每款娱乐产品所适用的标准年龄段，根据其内容，确保所有的电影、录像、DVD 和电子游戏产品上都明确标示出该产品适合哪个年龄阶段的孩子，帮助成年人（尤其是儿童的父母）了解这些专为儿童和青少年设计的娱乐产品，在知情的情况下理性选择适合自己孩子年龄的产品。大部分的视频游戏（大约一半）适用于所有年龄段的孩子，有一些只适用于年龄较大的儿童和青少年，剩下的一小部分（大约 4%）只有 18 周岁以上的成年人才能玩。

PEGI 分级的标志会出现在产品包装的正面或背面，标志上的数字表示年龄（3、7、12、16 或 18），意思是在这个年龄以上的儿童才能使用这款产品。例如，如果产品上写着 PEGI7，则表示只有 7 岁以上的儿童才能使用，PEGI18 则表示只适用于成年人。

PEGI 3

这个等级的游戏适合于所有的年龄段。

在这类游戏中，暴力场景只会在喜剧背景下出现于完全虚构的角色身上（如《兔八哥》《猫和老鼠》），儿童不会将其与现实生活中的人（或荧幕中的人）联系起来。游戏中不含任何有可能会让年龄很小的儿童感到害怕或恐惧的声音或画面，也不含粗俗的语言、裸露画面或任何有性暗示的内容。

PEGI 7

这个等级的游戏中，个别场景或声音有可能会让年龄很小的儿童感到害怕。也有可能出现部分裸露的画面，但是这些画面不带有任何性暗示，不以任何与性有关的场景为背景。

PEGI 12

如果视频游戏被归入这个等级，则表明其中会有出现在虚构角色身上的更露骨一些的暴力场面，或出现在有人类外表的角色或孩子认得出的动物角色身上的较为含蓄的暴力场面。含有稍微更露骨一些的裸露画面的视频游戏，也会被归入这个等级。不含太过难听的、与性有关的粗俗语言。

PEGI 16

游戏中含有能使人联想到现实生活的暴力场面（或性行为场景）。

这些视频产品中含有更加庸俗下流的语言，并且提及烟草、毒品或犯罪行为。

PEGI 18

这个等级的游戏只适用于成年人，因为其中包含强烈的暴力场景和让人联想到特定的暴力模式的元素。所谓的强烈暴力其实是一个很难界定的概念，因为是否强烈是非常主观的一种感觉，但是一般来说，我们把含有会让观看者产生不适感和排斥感的场面的游戏都归入这个等级。

产品包装的背面会有描述性的标志（描述符），告诉我们这款游戏被归入某个等级的主要原因（参看下表）。

PEGI 描述符	
语言粗俗: 游戏中含有脏话。	赌博：游戏中含有鼓励或教授赌博的内容。
歧视：游戏中含有歧视性画面或鼓励歧视行为的元素。	性：游戏中含有裸露画面或提及与性行为有关的内容。
毒品：游戏中提及与毒品有关的内容或描述了如何使用毒品。	暴力：游戏中含有暴力画面。
恐惧：游戏可能会让儿童焦虑不安或产生恐惧。	上网：游戏可在线上进行。

反对儿童玩电子游戏的专家们的观点

电子游戏让父母感到不安的一个主要原因是游戏中经常包含残忍的暴虐画面和暴力内容。此外，还有一个重要方面不容忽视：电子游戏有可能会占据儿童和青少年的全部课余时间。其实这些游戏是一种非常简单的"训练"，其表达方式非常直白，没有任何智力上的挑战性，也不具备任何社会性，孩子们只需对屏幕上的简单刺激和信号不断地做出反应就够了，大好的年华就这样荒废在了虚拟的空间之中。

玩游戏的时候，孩子会花费大量的时间追赶在屏幕上快速移动的图像，但是这种动作只是瞬时性的本能反应，没有任何思考的成分，长此以往只会让孩子丧失冷静而深入地思考问题和分析问题的能力。

有人说电子游戏有教育功能，因为它可以教会孩子对特定刺激迅速做出反应，然而这就好比在说学习开车这类需要在短时间内做出决定并迅速去执行的东西，跟学习文学、历史或数学相比更有趣、更重要。

无节制地玩电子游戏会给儿童带来很多危害。孩子有可能与现实脱节，沉溺于虚拟世界，与他人的接触机会和社交活动也会显著减少，或是受游戏内容的影响而形成不良的行为模式。

青春期前期的儿童受到的危害往往更加严重，各种临床研究证明，这些年龄段的孩子很盲目，经常不加选择地玩各类游戏，最终游戏"成瘾"。

此外，电子游戏还有可能引发神经系统异常。某些失神性癫痫（或称癫痫小发作）或抽搐症的病例，经证实正是由过度参与电子游戏造成的。

最危险的是那些患有光敏性癫痫的儿童，患有这种疾病的孩子对深色和浅色之间的强烈对比非常敏感，在闪光的诱发下可出现脑神经痉挛反应。电子游戏的画面刺激性很强，很容易导致疾病发作。

以下问题可以帮助我们评估孩子是否有沉溺于电子游戏的征兆。

- 他每天都在玩吗？
- 他每次都玩很久（3~4 个小时）吗？
- 如果不玩游戏，他会变得烦躁不安或暴躁易怒吗？
- 他玩游戏时和玩完游戏之后情绪变化非常明显吗？

·如果别人对他说时间到了不能玩了，他会不会发脾气，变得很有攻击性？

·玩电子游戏的时候，他是不是听不到别人说话，也不回答，对周围发生的任何事情都漠不关心？

·他不写作业，只顾着玩电子游戏吗？

·他为了玩电子游戏而放弃参加任何社交活动或体育运动吗？

·他一到家想到的第一件事就是玩游戏吗？

·他是不是也在努力控制自己玩电子游戏的时间，但却做不到？

支持儿童玩电子游戏的专家们的观点

支持儿童玩电子游戏的专家认为电子游戏能给孩子带来积极影响，因为这种娱乐活动能提高孩子的感觉运动能力，增强孩子的决断力以及对情绪的管理和控制能力。

特别需要指出的是，有些电子游戏还能培养孩子的专注力、思维能力和想象能力。不过，不论哪一代人都会对新的表达工具表现出排斥态度，这是由于他们已经习惯了自己那一辈的东西，形成了自己的审美标准，因而不容易接受社会上涌现出的新事物：几十年前漫画刚出现的时候，责骂声一片；几个世纪以前长篇小说这种题材也是人们口诛笔伐的对象，甚至连如今被我们视为经典的《疯狂的罗兰》（*Orlando Furioso*），在 16 世纪时也被当时的人们认为是不成体统的作品。

沉迷于电子游戏肯定会有危害，但人们对电子游戏持消极态度，更多的是由于对这个新事物缺乏了解甚至完全不了解。孩子沉迷游戏时，的确会忽视其他更重要的活动，比如户外活动、与同龄人交往、做作业、帮助父母做家务，但这并不是电子游戏本身的问题，因为其他娱乐活动如果把握不好尺度也可能带来同样的负面影响，比如沉迷于看小说的孩子也会出现上面我们提到的状况。如果能有分寸有节制、以恰当的方式玩电子游戏，那么这种娱乐工具不仅能增强孩子的自制力，还给孩子提供了一种新的学习和训练形式，有助于培养孩子的运动能力、认知能力和语言理解能力，还有感知能力和情感能力。

电子游戏能培养哪些能力？	
运动协调能力	提高眼—手协调配合能力； 练习按下和释放一个或多个按键； 学会同时完成多个动作和做出坚定果断的动作； 锻炼力量和耐心。
认知能力和语言理解能力	能更好地理解"原因—结果"或"方式—目标"之间关系，然后采取相应的行动； 面对多个问题时能快速决定是要逐个击破还是一起解决； 培养孩子的选择性注意力和持续性注意力；

续表

认知能力和语言理解能力	看到图像，能在头脑中还原它们所象征的现实场景； 能果断地做出肯定或否定回答； 锻炼孩子的选择能力； 迅速理解指令并按照要求一步步操作。
视觉感知能力	在屏幕上寻找和追随目标； 区分人物和背景； 区分不同的形状。
情感能力和社交能力	能判断互动过程何时开始、何时结束； 遵守轮次（当有不止一个玩家时）； 能专注地关注某个物体或某个人。

爸爸和妈妈的观点

父母们对电子游戏的态度分歧相当大。有一位妈妈说孩子在 8 岁之前应该完全杜绝电脑和 PlayStation 游戏机①，另一位妈妈也反对儿童玩电子游戏，尤其是学龄前儿童，但是之后她又补充说某些游戏或 DVD 可以教孩子学画画、写字和背诵东西。有很多家长都支持让孩子在游戏的过程中学习这种方法，即所谓的"寓教于乐"

---

① PlayStation（官方简称 PS）是由索尼互动娱乐创立并开发的从第五到第八世代的一系列电子游戏机，意大利人常用 PlayStation 这个词来代指电子游戏。——译者注

（英文为 edutainment，这是一个组合词，由教育 Education 和娱乐 Intertainment 组合而成），他们受这种思想启发，选择特定的游戏和多媒体出版产品让孩子边玩边学。

电子游戏新玩法

3i Mind Controller 是一款适用于 Wii（任天堂公司所推出的家用游戏主机）、Xbox（由微软所开发销售的家用游戏主机）和 Playstation（由索尼互动娱乐创立并开发的游戏主机）的人机互动式耳机，上面设计有很多传感器，把传感器贴在额头上，就能实现用脑电波来操作电子游戏。

这款耳机的发明者安德烈·加伊巴（Andrea Gaiba）解释说："传统的电子游戏往往带有攻击性，都是以'指尖和肾上腺素'为基础的，而这种新的工具靠的是我们集中精神的能力和放松的能力。"

这种新工具也适合儿童吗？

"当然适合，"加伊巴认为，"孩子从 6~7 岁开始就可以用这种新工具了。有些非常有意思，是专门为孩子设计的。比如孩子可以通过意念驾驶飞机：玩游戏的人越是放松，飞机飞得就越高，而精力越集中，飞机的速度就越快。还有一些有益于精神健康的游戏（Mental Fitness），其灵感来自瑜伽、太极等运动，这类游戏不仅适合成年人，也适合 8~10 岁的孩子。我不让女儿克拉拉（8岁）玩传统的电子游戏，因为我觉得这种'视听轰炸'会严重损害孩子的专注力；但是我会让她玩这些新型游戏，因为这种游戏要求她学会控制好自己的意念，有助于训练她的自觉意识和专注能力。"

这个革命性的想法是如何产生的？

"我毕业论文写的就是关于大脑神经网络以及如何用计算机对其进行模拟的内容，"安德烈·加伊巴讲道，"后来我又研究了这种模拟技术在医学领域的应用，然后开始尝试将其应用到电子游戏上。因为我觉得一款游戏无论采用了多么高端的技术，如果最后其原理仍然是基于最平淡无奇的传统互动方式，即疯狂地胡乱敲打键盘，那也是没意思的，我觉得这样的设计理念很荒谬。因此我决定利用大脑的活动，发明一种更吸引人、更个性化的系统。"

　　我认为最好不要让这个年龄的小孩接触电子游戏。一开始的时候我以为只要设定一个界限，控制好孩子每天玩电子游戏的时间就可以了，但是我很快意识到我5岁的儿子即使每天只玩半小时，性格竟然也有所改变：因为每次到了半小时他必须停下来的时候，他就变得暴躁易怒。因此我决定让这些游戏从他的世界里完全消失，因为我感觉这些东西真的是会让儿子跟我越来越疏远！

　　　　　　　　——玛丽·安托瓦内特，斯特凡诺（5岁）的妈妈当我的儿子们做错事的时候，我惩罚他们的方式就是好几天不让他们看电视、玩电子游戏和电脑，通过这种方式，我想让他们自己发现新的玩耍方式，也让他们两个学会相处。我并不反对这类娱乐活动，但是我发现让孩子远离虚拟世界能迫使他们跟对方好好相处，也能激发他们的想象力。

——琪亚拉，费德里科（11岁）和贾科莫（8岁）的妈妈

孩子到了五六岁就开始跟家长要电子游戏，这已经成了无法避免的事情了。很有可能他们已经玩过别人的了，比如同学带到学校里去的那种便携式游戏机，或者去朋友家里的时候一起玩过。因此，我们根本不可能阻止他们接触电子游戏，除非完全不让孩子接触同龄人。彼得小时候我们坚持没让他玩，直到他9岁时，爷爷奶奶送给他一个掌上游戏机作为礼物，上面有几个游戏，后来又下载了一些新的，其中有些还是有教学功能的那种。茉莉亚5岁的时候就会玩了，现在安娜3岁，我都不敢想她会是什么情况。

后来又开始流行能连接到电视上的电视游戏机，孩子们和爸爸玩各种比赛玩到停不下来，网球比赛、摩托车比赛、滑雪比赛，还有很多我叫不出名字的……有时候我听到他们在房间里喊叫和欢呼，就像是在体育场一样！通过这种方式玩游戏倒还不错。因为相比之下，孩子们自己玩的时候更让我担心，他们经常一玩就是几个小时，谁知道他们是不是在玩一些暴力或打架的游戏？这些东西会让他们情绪焦虑，变得有攻击性。这无疑是电子游戏的一个消极方

面，更不用说那些上网玩的游戏了，在网上更危险，因为孩子有可能会接触到道德败坏的人，或者访问一些不安全的网站。

——西尔瓦娜，彼得（11岁）、茉莉亚（8岁）和安娜（3岁）的妈妈

我认为，如果能给孩子提供其他更令他们兴奋的东西，孩子对电子游戏的兴趣就会大打折扣。但是可能不太容易找到合适的替代品。我觉得团队运动就是一个很好的选择，虽然说培养孩子的这种爱好肯定不如把游戏扔给他们玩来得简单，因为父母要花费时间和精力去陪他们。我儿子之前在家只有两个爱好：看电视和玩Playstation电子游戏。但是之后他开始迷上了篮球（自己打球，也看篮球比赛），现在他每个月花在电视或电子游戏上的时间不超过6个小时。

——桑妮娅，安德烈（9岁）的妈妈

我有时会和女儿一起玩电子游戏，我们玩得非常开心：我会愉快地跟她互动，而且她不再害怕电子信息类的东西了，变得很有信心。我很注意不能让孩子在任何一项活动上花费过长的时间，电子游戏也是一样，但是我也不给她设定非常严格的时间限制，因为过于精细的时间规划反而会让孩子感到窒息，往往会适得其反。

我更倾向以星期为单位，大体上保证每周的活动都比较均衡合理。比如说，如果星期六我们一起去外面散了步，星期天在下雨，

那么如果爱丽丝玩了一下午的游戏，我也不会太担心。不过，虽然读书是很有教育意义、很有趣也很"高贵"的一种爱好，但是如果我们的女儿每天下午都沉浸在阅读中，我也会感到很担心。

——罗莎娜，爱丽丝（6 岁）的妈妈

我儿子恩里科之前在网上和一个英国男孩、一个美国男孩玩线上游戏，三个月之后他竟然学会英语了，他会说、会读，别人说他也能听懂。现在他能很流畅地把英文版的游戏翻译给他弟弟听，因此，弟弟也在通过这种方式学英语，在哥哥的帮助下，他学得非常轻松。

——罗伯托，恩里科（9 岁）和斯特凡诺（6 岁）的爸爸

我觉得电子游戏可能教不了孩子什么东西，但是如果方法得当，会对孩子的想象力开发很有好处，想象力在以后的生活中也是很有用的一种能力。当然了，我们得控制孩子看电视和玩游戏的时间，不然他们就有可能会荒废学业，甚至连体育运动和其他活动也不去参加了。

但是，电子游戏也不至于使人与社会脱节。我自己也一直玩游戏，从小时候开始就和很多朋友一起玩，现在我们也都生活得很精彩，游戏并没有影响到我们的正常生活。所以我觉得阻止孩子玩游戏是没有道理的，我不会阻止我儿子玩。

但是如果我发现他玩游戏玩得太多了，我肯定会教育他，会让

他明白不能每天都待在电脑前，人应该到户外去享受生活，而不是把大好的时光都浪费在家里。

——阿尔贝托，朱利奥（8岁）的爸爸

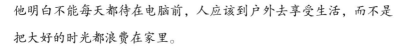 注意！网络不应该成为儿童的玩具

很多父母为了保证孩子的安全，就让他们待在家里玩电脑，这种做法是大错特错的。让孩子不加选择地上网，任意访问各种网站，其实是非常危险的，而且很多父母（以及大部分祖父母）根本无法有效地监督孩子，因为他们没有时间一直盯着，加之缺乏必要的计算机技能，没有能力监管。

但是这个问题非常严重，应该引起每个家长的重视：这些上网成瘾的"小网虫"很有可能会变成"隐蔽人士"①。他们远离现实社会，只通过网络跟人交流，排斥家人，不去上学，也不进行任何正常的人际交往。

---

①隐蔽人士，或称茧居族、蛰居族、闭门族，这是源自日语的一个词，日语称为"ひきこもり"或者"引き籠もり"，罗马字写作 Hikikomori，由"引き"（Hiki）和"籠もる"（Komoru）两部分组成，按字面解释分别为"退隐、抽离"和"隐蔽、社会退缩"。——译者注

第五章

如何挑选玩具？

现在的玩具五花八门，父母可能会觉得很难选出适合自己孩子的玩具：是选高科技的还是"复古"的？创意型的还是最火的、广告做得最响的？选乐高或泰迪熊这类经久不衰的经典玩具，还是最新款的芭比娃娃，或是以滑冰冠军卡罗琳娜·科斯特内尔（Carolina Kostner）为原型的魔法俏佳人娃娃模型？

儿童对广告信息非常敏感，每天被各种玩具广告"洗脑"，他们难免会对广告里的玩具心动，而且小朋友之间总是互相模仿和攀比，在他们眼里小伙伴总是有自己没有的新玩具，因此，现在的孩子总是想跟我们要"时髦"的玩具，但是他们其实并不知道哪些玩具是适合自己的，也不知道自己这个年龄应该玩什么样的玩具。

孩子在各种刺激的诱惑下，内心会产生对各种玩具的欲望，今天看到这个玩具好就想要这个，明天听说另外一个玩具也好，就要另一个，于是不断地跟我们要礼物，以满足自己的欲望，但是玩具买过来之后也就三分钟的热度，过不了几天就会被遗忘在角落里。因此，一定要注意不要过分纵容孩子的欲望，比如等到圣诞节或过生日的时候集中地给孩子买非常多的礼物，正确的做法应该是"细水长流"，均衡地分配送孩子玩具的时间和数量。还有非常重要的一点，就是要让孩子也参与到挑选玩具的过程中来，给他们讲解不同玩具之间的区别，同时也让他们参考一下价格上的差别，跟他们一起回忆以前买玩具的经验。有些玩具虽然不贵但是他们很喜欢玩，每次都玩得非常开心；相反，有些他们一直吵着要买的玩具，不但价格高，而且买回家以后发现根本没有想象中好玩，没玩多久就扔掉了。

给家长的一些基本建议

孩子 12~13 岁之前不要把钱作为礼物送给他们：我们不应该让孩子过早地对金钱产生兴趣，也不能剥夺孩子收礼物、拆包裹时的喜悦。当小家伙收到一个包裹得严严实实的盒子，他一边手忙脚乱地拆，一边兴奋地猜想里面是什么礼物……礼物展现在他面前的那一瞬间，是多么"神奇的时刻"！因此送礼物和收礼物绝对不应该变成经济交易！

聆听孩子们的建议：我们可以直接问孩子他们想要什么，试着了解孩子真正的兴趣点在哪里。倾听孩子的心声是非常重要的，有时孩子们想要的东西在我们看来可能完全是电视"脑残粉"的表现或者"品位很差"，这时候我们也应该让步，尊重孩子的选择，这没有什么丢脸的。

注意安全：给孩子买任何玩具时，都要检查玩具是否符合相关的安全标准；不要为了省几块钱而给孩子留下安全隐患。

面对现实：从出生到4~5岁，儿童有很强的探索欲，他们想认识周围的一切事物，想拿出来仔细研究一下这些东西是怎么做成的，因此把玩具弄坏是家常便饭。如果你们会为此而感到生气，那就不要给孩子买贵重的和做工精巧的玩具，而是选一些摔不坏的或可以拆卸的。

仔细查看电子游戏的包装：如果打算送孩子一个电子游戏产品，一定要仔细查看游戏的名称、PEGI标志（参见第53页）以及配套的游戏主机的型号。如果不太了解这些东西，很容易会弄错，因此建议大家向销售人员寻求帮助，或者带孩子一起去选。

和其他送礼物的人协商好：如果是圣诞节或孩子的生日，最好联系一下其他亲戚朋友，看他们都准备了什么礼物，免得送了相同的东西。

不要只送有教育功能的玩具：如果决定送给孩子一个有教育功能的玩具，那最好是将它跟孩子明确告诉我们他想要的那个礼物一起放在礼物盒或礼物袋里送给他，不然孩子可能会有些失望。

罗马耶稣儿童医院（Ospedale pediatrico Bambin Gesù）的专家就如何根据孩子的情况挑选玩具给出了十条建议：

1. 要考虑到孩子的年龄，但也不必完全被年龄条件所限制：很多玩具能跟着孩子一起"成长"，因为在成长过程中孩子会根据自己新学会的技能和每个阶段不同的情感需求，以不同的方式去玩同一个玩具。

2. 不要受性别的限制：我们所谓的"男孩玩的玩具"或"女孩玩的玩具"其实是受文化观念的影响而形成的"偏见"，儿童对玩具并没有明显的性别偏好。孩子的性别身份认同是由其他更深层次、更复杂的因素决定的，一个玩具是不会影响孩子的性取向的！

3. 给孩子准备多种多样的玩具，这样他可以根据自己在不同时刻的不同心情和需求，选择他想玩的玩具。

4. 不要因为某些玩具有攻击性和潜在的暴力特征就将其妖魔化。我们必须牢记：攻击性是一种人类自我保护的情感本能，如果我们加以否认，只会让孩子更难以正确面对和正确处理这种本能。因此，我们要做的不是一味地让孩子远离这类游戏，而是当孩子玩这类游戏的时候"监督"好他们，观察孩子所采用的方式是否恰当。

5. 尽量引导孩子选择那些操作空间比较大的玩具，即能让孩子充分发挥想象力，在孩子的手里能变化出多种造型、开发出多种玩法的创意型玩具。

6. 不要太过执着于给孩子买所谓的"益智"玩具，即必须得有教育功能的玩具。因为儿童主要是在模仿、发明创造、搭建东西和角色扮演的过程中学习和成长的。

7. 随着孩子的成长，开始鼓励孩子跟其他人一起玩游戏。在成长过程中孩子会逐渐发展起跟其他小朋友一起玩的能力；一开始他们会自己玩游戏，但是随着时间推移，可以跟大家一起分享的玩具会变成他们的最爱。

8. 没必要非得给孩子选当下流行的玩具，有时候也可以引导孩子选一些其他类型的玩具。虽然孩子们很难抵挡住广告的诱惑（尤其是电视广告），但是也应该试着鼓励孩子相信自己的直觉，做出真正符合自己内心的选择。

9. 不要把价格作为衡量玩具效用的唯一标准。事实上，昂贵的玩具并不一定能激起孩子的好奇心，孩子不一定会觉得好玩，也未必能长期对它保持兴趣。

10. 根据孩子的情况选择适合他的玩具，我们送孩子玩具的目的不是为了满足自己童年时没有得到满足的愿望（我们小时候很想要却没有得到的东西……）或者重温我们自己的童年（我们小时候喜欢的玩具……）。我们可以多陪孩子一起玩，参与孩子充满创造力和想象力的成长过程，通过这种方式弥补自己童年的遗憾，重新体味自己童年时的情感。

选择安全的玩具

我们永远都猜不到孩子会做些什么事：他们可能会把任何东西都放到嘴里，会用最奇怪的方式使用工具，会模仿谁都想不到他们会去模仿的动作，尤其是父母的动作（比如启动汽车的动作、点燃壁炉里纸片时的动作、打电话或拿手机的动作等）。

我们给孩子选择玩具时，首先要考虑的就是这件玩具到了孩子手里以后有没有可能带来危险，有些重要的方面一定不能忽视，包括制作玩具的原材料是否安全、玩具上有没有容易被孩子吞食的细小部件等。

比如，孩子长牙时期会用到的磨牙玩具，或者小宝宝玩的软塑料做的玩偶，这些玩具有可能是用柔软的 PVC 材料制成的。PVC 含有一种非常危险的化学物质：聚氯乙烯。因此，如果儿童玩具中含有 PVC，其包装上一般都会标明，我们要注意查看。

另外，我们还要注意玩具最外面涂层所使用的是不是无毒的涂料。

还有一些玩具对特定年龄段的孩子来说会有危险：比如毛绒玩具不适合送给 24~36 个月以下的儿童，因为年龄很小的宝宝会撕咬和吞食毛绒玩具上的毛，有可能造成窒息。他们还有可能会扯下毛绒玩具上的其他细小部件吞下去，比如玩偶的眼睛和鼻子。因为这两个部分一般是由塑料制成并用胶水粘在玩偶上的，很容易扯下来。

有些洋娃娃上的电池或其他配件也有可能带来同样的危险。

除此之外，破碎的玩具有可能会割伤孩子，有的孩子还有可能对某些制作玩具的材料过敏，这些我们都要注意。

因此，我们送给孩子玩具时一定要谨慎，检查玩具的安全性和质量永远都不能松懈。

首先，我们必须查看玩具的包装或说明书上是否有法律规定下儿童玩具中必须要有的各项说明：

·合格认证标识，例如 3C 认证标识（中国强制性产品认证）、CE 标识（欧盟强制性产品认证）等，而且必须清晰可见、容易辨认（伪造安全合格认证标志，是玩具造假市场最常见的违法行为之一）；

·制造商或进口商（或其他负责产品投放的公司）的公司名称、公司性质和地址；

·适用年龄说明；

·使用说明。

仔细阅读玩具包装上的其他非强制性说明也是一个很好的习惯，有时候可以发现很有用的信息。

玩具买回来以后，要注意以下几点：

·确保孩子理解玩具的功能，知道怎么玩；

·如果玩具上有包装袋要立刻拿掉，防止孩子把头塞进去导致窒息；

·定期检查玩具是否完好，是否有破损：长期的磨损可能会使玩具发生改变，原来很安全的玩具有可能变得危险；

·如果玩具上出现了碎片、尖锐或锋利的部分、锈迹或其他有潜在危险的异常情况，一定要及时处理。

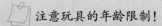

注意玩具的年龄限制！

很多父母和祖父母在给孩子挑选玩具时，经常会盲目依从孩子的要求（孩子常常受广告的诱惑，什么玩具广告做得最响，他们就跟风要什么玩具），孩子要什么就给他们买什么，从来不看一下玩具上标明的适合年龄是多少，也不检查是不是有安全标志。

心理学和教育学专家建议，我们给孩子买玩具时一定要注意玩具的年龄限制，要衡量一下这个玩具是否有助于孩子的和谐发展，是否能带给孩子必要的刺激。给小宝宝买适合大孩子玩的玩具并不能促进他的成长发育，反而有可能给孩子带来危险。

保护儿童人身安全的十条规则

1. 在整个欧洲地区，所有儿童玩具上都必须有 CE 标志，以保证产品符合现行法规。该标志由生产部授权的认证机构发放或由玩具制造商直接印制在供 14 岁以下儿童使用的物品或玩具上，而且尺寸不得小于 5 毫米。没有这一标志的玩具，建议家长不要购买。如果玩具上有 Giocattoli Sicuri（安全玩具认证）的标志，表明该玩具拿到了由意大利玩具安全研究所（Istituto Italiano Sicurezza dei Giocattoli，简称 IISG，由欧盟认证的儿童用品安全性检测机构）授

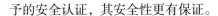

予的安全认证，其安全性更有保证。

2. 一般来说，要按照产品包装上所标注的年龄限制来选择适合孩子年龄的玩具。由于玩具的材料、可移动部件的尺寸等原因，对某一年龄段孩子来说十分安全的玩具，对低于这个年龄的孩子来说有可能就很危险（比如上面提到的毛绒玩具的例子）。但是小朋友往往更喜欢那些其实适用于比自己年龄大的孩子的玩具，家长也经常忽略不同玩具的年龄标准。如果需要购买电子游戏，要注意包装上的 PEGI 分类信息，上面有象征性的描述标记，表明游戏的种类、暴力程度、所使用的语言是否文明以及所适合的年龄段（参见第 53 页）。

3. 为了最大限度地保证儿童的安全，直接由电源供电的玩具应坚决杜绝，要选择使用电池供电的玩具。适合较大的孩子玩的电动玩具，如小火车，需要由带有漏电保护器的、电压比较低的（不超过 24V）外置变压器供电。这类玩具不仅要有 CE 标志，还要有 IMQ 标志（Istituto del Marchio di Qualità，品牌质量认证）。同时，儿童要在成人的监督下玩这类玩具。

4. 高度重视玩具所用的原材料。采用织物或长毛绒制作的玩具，除了要注意有无 CE 标志，还要仔细查看玩具上的绒毛是否容易掉落、玩偶的眼睛和鼻子是否容易被扯下来、缝制是否结实、短的带子有没有固定好、玩具内部的填充物是否易碎（会掉出粉末）或易燃。我们不要忘了，所有的玩具都会被孩子拿去进行"极端强度测试"，他们受好奇心的驱使，想看看玩具"里面有什么东西"。所以孩子会经常把玩具撕开或砸开，研究一下里面的"内容"，放到嘴里尝一尝，看看到底是什么……这种探索行为是儿童的天性。玩偶上硬质塑料做的眼睛和鼻子很容易被扯下，有可能会被孩子吞下去，导致窒息。还有一个不容忽视的问题，即要留意玩具上是否有尺寸比较小的零件或可以拿下来的部件，以免被孩子吸入或吞食。

5. 如果是塑料玩具，要确保它使用的是ABS塑料，这种塑料价格更高，但是不易燃。假冒的非正版玩具往往采用劣质塑料制成，这类材料有非常严重的缺陷，有可能会导致皮肤和黏膜损伤，而且也非常易燃。

6. 避免给孩子边缘锐利或有尖角突出的玩具。如果是由金属制作的玩具，要检查其边缘是否经过处理（折边、卷边或加上保护性的涂层），以及是否有锈迹。

7. 机械类的玩具，其齿轮部分必须保护起来，不能露在外面，以免让儿童接触到。被齿轮夹住所造成的伤害会让孩子非常痛苦，严重时甚至会导致功能性损伤。

8. 玩具武器必须使用由制造商提供和建议的配套发射物（如玩具手枪的子弹、玩具弓箭的箭头等）。箭头和飞镖的顶端必须是圆润的，最好是由软木材料制作，或者带有不易移除的吸盘。这类玩具是给年龄较大的孩子设计的，不能落入年龄较小的孩子手中，因为万一他们使用不当，极有可能会严重伤害到自己或他人的眼睛。

9. 由帆布做的儿童帐篷或玩具小房子上不能有拉链或压力扣等自动封闭装置；支撑装置必须是塑料材质的，轻便且易于组装；而且必须要结实，保证孩子即便是突然进行了剧烈运动，帐篷或房子也不会坍塌或断裂。

10. 玩具的包装上必须有使用说明和组装说明，这一特征本身就能为玩具的安全性提供一定的保障。要和孩子一起认真阅读这些说明，这个步骤就像是在家人或朋友的陪伴下给新玩具举行"开幕仪式"，孩子会把这个仪式跟新礼物所带来的喜悦联系在一起。

选择比较好的品牌和值得信赖的零售商

说到如何挑选玩具，品牌是非常重要的一个因素。正规的公司严格遵守生产程序，对每个生产过程都严密监控，精选高质量的原材料，生产加工过程规范而精细，使用无毒的涂料上色，最终得到成品。针对同一款玩具，市面上能找到非常多的仿制品，其价格肯定是不一样的，因为只要是质量比较好的玩具，它的成本肯定也高，但是跟比较便宜但质量低劣的产品相比，这些正版的产品可以避免不必要的安全隐患，比如它们不会摔一次就坏、不会破碎、不易燃，简而言之，它们更安全。

消费者有权了解他所购买产品的详细情况，如果有疑问或发生了问题，有权联系厂家。因此，把玩具的包装扔掉之前，最好是把写有制造商和 / 或进口商信息的部分剪下来并保存好。

被从市场上召回的玩具不在少数

根据欧洲快速信息交换系统（Rapid Exchange of Information System – RAPEX）发布的消息，从欧洲市场上召回的危险产品绝大部分都是玩具，这表明儿童安全已经成为相关市场监督部门的当务之急，也表明这个问题应该引起家长们的高度重视。

根据孩子的年龄选择玩具

所有的专家都告诉我们：给孩子选择玩具时首先要考虑的因素就是孩子的年龄。玩具和游戏能锻炼孩子的身体，激发他们的想象力，帮助孩子发展个性，培养社交能力。在玩的过程中，孩子们会与人和各种物体接触，锻炼记忆力，了解因果关系，思考问题，寻找结果方案，认识并控制自己的情绪。但是所有这一切都有一个生物学前提，即：所玩的东西要与孩子的年龄和节奏相协调，或急或缓，或停或走，或进或退——尊重孩子的身心发展规律是最基本的。

每个儿童在成长发育的过程中都会玩很多的游戏，从刚刚学会控制自己的感觉器官和运动器官开始，到后来逐渐展现出无穷的创造力，我们可以将这些游戏划分为五种类型：

1.探索类和操作类游戏；

2.模仿类游戏；

3.搭建类（或目标达成类）游戏；

4. 虚构的角色扮演类游戏；

5. 规则类游戏。

【从出生开始，孩子最喜欢的玩具就是人类的身体（自己的和妈妈的）、自然界的四种要素（水、土、木、火）、简单的工具（球，可以互相击打的物体）、跟人类本性（洋娃娃、士兵、武器）相关的物品、他自己本身以及他自己的思想。】

探索类和操作类游戏

探索类和操作类游戏需要孩子具有越来越发达的综合能力，即整合粗糙动作、精细动作和感官功能的能力，比如眼手协调能力、区分形状的能力和声音定位能力。这个阶段我们要给孩子一些简单的物件，让他们练习操作能力，比如常用的小型家用工具和传统玩具（婴儿铃、洋娃娃、玩偶、让孩子抓握或推着玩的积木等）。

模仿类游戏

儿童从很早就开始进行模仿类游戏了，只不过这个过程是断断续续的（有的孩子从 8~10 个月就开始学着模仿了），这种游戏要求儿童对身体有一定的控制能力，对物件有一定的操控能力，对声音有一定的理解能力。一开始的时候，儿童的模仿是片段式的，之后小家伙会逐渐学会回忆和重复成年人的动作、声音和说过的话。通过这种模仿游戏，孩子不断地练习，越来越高效地模仿那些对他来说有重要意义的动作，也越来越深入地认识居住在他小小世界里的那些人，理解他们每个人的不同角色。

从 10~12 个月开始，我们就可以鼓励孩子进行模仿了，我们可以向他展示一些简单的物品怎么使用，给他一些练习简单动作的玩具，比如推、拉、敲打、把东西塞入孔中或是最简单的拼图游戏，让孩子把带有轮廓的图片放到正确的位置上。

搭建类游戏

儿童会在 18~20 个月时开始进行搭建类游戏（或称目标达成类游戏）。这时他们已经具有了比较发达的智力、运动能力和感觉能力，能够记住自己的动作，并且主动重复这些动作。这个阶段我们可以给孩子准备一些简单的搭建类玩具，比如大块的木制或塑料积木，或者适用于 1~3 岁儿童的教学益智类玩具。

虚构扮演类游戏

儿童的虚构扮演类游戏从 2 岁左右开始，在之后的很长一段时间里（一般会持续到 6~7 岁）还会进行进一步的细化，变得越来越精细和复杂。这类游戏要求孩子具有模仿不同角色的能力、对因果关系的理解能力以及设想越来越复杂情景的能力。

在这类游戏中，孩子会表达出自己对现实事物的理解，展现出与他人交流的能力，他们需要能模拟"大人们"不同生活场景的各种玩具，比如迷你房屋和厨房模型，车库、医院、学校、商店等各种模型。

有规则的游戏

　　儿童会从 4~5 岁开始玩以规则为基础的游戏，一般会一直玩到学龄阶段（6~7 岁），那时候会有更多的同龄小伙伴，他们之间也会玩这类游戏。

　　这些规则类的游戏可以是跟运动有关的或是静态的（比如桌游），也可以以团队为单位进行。游戏中，他们必须遵守由外部制定的（例如由某位成人制定的规则）或在使用过程中约定俗成的规则（或同类游戏的规则，比如足球或桌面游戏的规则都是约定俗成的）。

给不同年龄的儿童选玩具的小建议和小提示

　　如果你想给孩子选一个玩具，你可以从孩子的偏好中获取灵感，选一个迎合他平时喜好的玩具；当然也可以选个不一样的玩具，激发孩子形成新的爱好。

0~6 个月

　　能挂在摇篮上的旋转音乐挂铃很适合这个年龄段的宝宝，它能发出轻柔的钟琴音乐声，帮助孩子入睡。软橡胶做的玩具、婴儿摇铃、套圈玩具（如套圈杯）、布球、婴儿健身架，这些玩具对婴儿也很有吸引力。彩色的东西能吸引婴儿的注意力，很适合白天玩，但是放在摇篮上帮助孩子睡觉的东西,外观上要选比较浅的纯色(淡黄色、赭色、浅绿色、粉色、浅蓝色等)。

6~12 个月

这个年龄段最理想的玩伴是布娃娃或用可洗橡胶做的娃娃、大块布积木、音乐盒、塑料书(能带进浴室)、能消除孩子的恐惧并陪伴他睡觉的玩具灯、能假装跟远方的亲人(爸爸、爷爷、奶奶等)说话的玩具电话。给这个年龄段小朋友玩得最经典的玩具,是套叠金字塔(数个由大到小嵌套的方块,拆开后可以堆叠成塔状)和彩色布积木。不适合他们玩的是可能造成危险的毛绒玩偶。

12~18 个月

到了这个年龄段,孩子可以开始玩抱着睡觉的玩偶、小毛绒玩具、可以在地上推着玩或拉着玩的小动物玩具、2~6 块容易拼装的拼图游戏、水里玩的玩具、小汽车或造型比较简单的小火车。

18~24 个月

我们可以给这个年龄段的儿童准备能带去沙滩玩的小铲子、小桶,和一些能让他们骑上去用脚推着走的玩具车,比如没有踏板的小三轮车、小摩托车、小汽车、小马或其他动物形状的小车。但是拼装类的玩具(如乐高)还不适合他们。

2~3 岁

随着孩子年龄的增长，他们能玩的玩具种类也越来越丰富。到了 2 岁左右，迷你的房屋模型、可以在户外玩的小隧道和小滑梯开始受到孩子们的喜爱。他们也可以骑摇摇马玩，或是照顾婴儿娃娃，因此可以给他们准备玩具婴儿用品套装和厨房用品套装，小家伙们会给他们的婴儿娃娃用奶嘴和奶瓶喂奶，用婴儿车模型带娃娃玩，用小锅和小盘小碗给娃娃准备吃的；他们可能也喜欢用购物车模型、小房子或迷你厨房玩"过家家"，或者喜欢玩玩具小汽车、卡车、起重机。如果想送他们更具有创造性的玩具，可以选择简单的乐器，或者比较粗的彩色铅笔和纸张、蜡笔、手指画颜料、水彩画用品等肯定能用得着的工具。

奶奶的疑惑

"我小孙女才两岁，但她实在是太聪明了，我的问题是不知道该给她玩什么游戏才能吸引她的注意。那些写着适合她这个年龄的孩子玩的玩具，她拿过来看一看马上就觉得无聊了，但是如果某件东西让她觉得很有趣、很好玩，她就能集中精力玩很久，也就是说她并不是不能集中注意力。她唯一不会厌倦的东西就是书。其实有些玩具我也觉得很让人讨厌，说难听一点就是很愚蠢，比如那些你使劲儿按一下就开始不断地发出噪声或震耳欲聋的音乐的小玩意儿，我孙女很快就会感到厌倦。我比她还讨厌这些东西。因此，当有一天它突然坏了，对我来说真是大快人心，因为它终于闭嘴了！我觉得这类玩具的重复性太强了，所需要的思维能力也太低级了。"

从认知规律的角度来看，这个年龄段的小孩已经开始明白因果关系以及空间概念和时间概念了，但是他们的逻辑思维能力仍然是跟实际感知到的具体事物联系在一起的，因此还不是非常发达。故而，所有能激发联想能力、逻辑思维能力和加强对时间顺序的理解的游戏，都是适合她的。

例如，拼图游戏或多米诺骨牌（这类玩具有各种各样的，可以由不同材质制成，有的外观上印有动物图像，有的则是彩色的，或者设计有能给孩子带来触觉刺激的立体图案，好玩又有趣）。

3~4 岁

这个年龄段的孩子，我们可以送他们儿童三轮脚踏车或小自行车，只需要一点点勇气，他们就能开始练习骑车了。我们可以开始给孩子选更有"挑战性"的玩具了，比如教他们区分颜色、不同动物叫声和身体不同部位名称的玩具，他们很喜欢以游戏的形式学习新的东西。毛绒玩具、洋娃娃和卡通人物玩偶都是他们很喜欢的东西，跟这些玩伴一起，他们可以创造出很多故事，因此可以锻炼他们的想象力。此外，乐器类的玩具也可以给孩子玩了，如小鼓、小号、木琴、电子琴或吉他等，而且最好是小尺寸的真正的乐器，不能只是拿着玩的模型，比如可以买那种每种颜色的按键对应着一个音符的玩具乐器，让孩子可以真正演奏出音乐。

这个年龄段的孩子，我们要送一些能让他们充分发挥创造力的玩具，比如橡皮泥、彩色铅笔、脸绘颜料和用来搭建主题内容或复杂景物的积木。适合这个年龄段孩子玩的还有"学龄前玩具"，即通过游戏来引导孩子学习知识、为学校生活做好准备的玩具，比如带有磁性字母和数字的黑板，或者印有字母表或几何形状的镂空绘画模板或印章，孩子可以用来描画或上色。

很多孩子也喜欢玩能让他们比较事物和判断正误的玩具，在他们回答正确或错误的时候，这些玩具会发出灯光或声音，让孩子觉得很满足。

5~6 岁

到了这个年龄段，我们要让孩子们去锻炼身体了，因此可以给他们买一些儿童用的运动器械（旱冰鞋、拳击手套、球拍）。这个年龄段的孩子很容易受到电视和广告的诱导，想要最时髦的娃娃（如芭比娃娃）或模仿动画片里英雄生产制作的玩偶。

他们还喜欢模仿爸爸妈妈，因此喜欢玩医生的医药箱模型、玩具厨房套装、工具箱、购物车等。

还有一些适合这个年龄段孩子玩的有规则的集体游戏（如赛鹅图、海战棋、宾果游戏等，这些游戏的规则简单易学，玩一局的时间也比较短，因此适合小孩玩），孩子可以跟同龄人一起玩，体验胜利或失败的滋味，享受游戏的乐趣。

7~8 岁

适合这个年龄段的游戏非常多，但是不要忘了最经典的几种：跳绳、踏板车和乐高玩具。可以考虑送给孩子小型电脑、电子游戏和 Playstation 游戏机，但是要看管好孩子，让他们科学适度地玩。

9~10 岁

可以给孩子买运动类的玩具，鼓励孩子到户外去运动，也可以送孩子桌上游戏等跟小伙伴们一起玩的游戏，从而提高他们的社交能力。这个年龄段的孩子好奇心依然很强，他们需要新的工具，如实验工具套装或趣味互动世界地图。经典的电子游戏也可以比较放心地让他们玩了。

> **适合各个年龄、满足各种偏好的拼图游戏**
>
> 不到 500 片的拼图都可以视为玩具，这种玩具广受儿童喜爱，包括年龄很小的儿童（18~24 个月）。它好玩又好看，还有装饰作用，更重要的是能非常有效地训练孩子的感知能力、逻辑思维能力和专注力。专门给年龄很小的儿童设计的拼图游戏一般是由木头或厚纸板制作的，色彩非常鲜艳，片数很少，而且每一片的尺寸都比较大，目的是防止儿童吞食，上面还有"抓手"，方便孩子抓取。也有木头做的立方体形

状的盒子，可以拆成 6 片，每片上都画着一个不一样的图案；或者是拼图故事书，即每一页上的图片被分成四部分、八部分或十二部分，孩子可以一边拼图，一边读故事。

从 4 岁起，可以选择的拼图类型就更多了，20 片、24 片、40 片甚至 100 片的拼图他们都能玩，而且尤其喜欢关于童话故事的主角、最受欢迎的动画片角色和动物的拼图。给 4~8 岁的儿童可以选择更有创意的双面拼图，即有一面是常规的拼图，另一面则只有用黑色笔画出的图案的轮廓，孩子可以根据自己的喜好给图案上色，或者只是全白的画板，初出茅庐的小艺术家们可以发挥自己的想象力，在上面自由地创作。

此外，我们还可以给孩子定做个性化的照片拼图（孩子的照片、家人的照片等），有多种尺寸（12~3 000 片）可供选择，价格也比较适中。

送多少玩具？什么时候送？

每年圣诞节，小朋友们都会被各种礼物淹没。虽然很多父母、爷爷奶奶、叔叔阿姨都害怕孩子被消费主义腐蚀，但是这些长辈又都想跟家族中的孩子们一起分享节日的喜悦，他们觉得送很多礼物肯定能让小家伙们开心。然而隐藏在泛滥的礼物背后的，往往是父母不安的良心，因为他们平时没有时间陪孩子，所以想通过送礼物的方式弥补这种遗憾，让自己感觉稍微安心一些。而且这些礼物很多都是一些没什么意义的小玩意，对孩子心理的均衡发展也没有什么帮助。对孩子的爱不是用礼物的数量来衡量的：礼物最好是少而精，给孩子精心挑选少量的礼物，然后多抽时间陪他们一起玩，这才是正解。

最好不要送孩子太"性感"的娃娃

小女孩们都为这些"性感"的娃娃着迷，但是有些心理学家认为过于"性感"的娃娃会对孩子产生误导作用，不利于她们的身心健康。有关人员曾调查过 350 名年龄在 6~12 岁的女孩，结果显示她们最喜欢的玩具中有内衣芭比娃娃和其他性感的娃娃。内衣芭比娃娃是一个非常火辣的金发美女，穿着成套的内衣内裤，腿上还绑着吊袜带；而其他受小姑娘们追捧的娃娃也都很"重口味"，她们浓妆艳抹，有着"肿大"的嘴唇，穿着低腰紧身裤和露脐短上衣。而且这些娃娃所搭配的场景也不一样，以前一般会模拟在家里或在露营的场景，现在却变成了夜店舞厅。但是小女孩们都喜欢这种类型的时尚娃娃，她们每天平均拿着这些娃娃玩 1~2 个小时（自己或跟朋友们一起）。究其原因，她们可能在这些娃娃的身上看到了自己个性中的另一面，现实生活中她们不能随意化妆或穿自己想穿的衣服，于是把自己隐藏起来的这一面寄托在了娃娃身上；又或者娃娃对她们来说是理想女性的象征，她有着所有最有优势的特征：漂亮、性感、迷人，而且无拘无束、毫无顾忌，而这正是当代女孩们最典型的性格特征。

以前孩子们玩娃娃是为了追忆自己更小时候的时光，但是现在这些时尚娃娃却让孩子们提前步入了青春期。一些儿童心理学家认为，娃娃除了要好看和好玩，它们的作用虽然不是让孩子缅怀逝去的时光，但至少应该传达积极的、符合孩子年龄的价值观。孩子需要按照自己的节奏成长，不应该被外力"催熟"。

关于节日礼物

【圣诞节时，孩子们平均会要 4 个礼物，但是他们每人平均会收到 11 个。因此，送给孩子 7 个礼物已经是"太多"了，有可能会使儿童的欲望过度饱和，反而让他们失去大部分收礼物的乐趣。家长们其实应该借圣诞节的机会把最美好的礼物送给孩子们：一个和气、团结、喜气洋洋的家庭。】

礼物太多了：一位妈妈向我们讲述了她的经历

有一位妈妈向我们讲述了她的经历："圣诞节那天，亲朋好友送了很多礼物给我 3 岁的儿子彼得，各种礼盒堆成了一座小山，彼得看到有这么多礼物，立刻感到非常惊奇。他迫不及待地打开第一个，看到里面是一辆消防车，他惊讶地睁大了眼睛，然后马上开心地拿着去玩了，完全把剩下的礼物抛在了脑后。

　　"最后，我们帮他把剩下的礼物打开了，但他并没有表现出很大的兴趣，所以我们决定把这些礼物都放到柜子里去，然后每次拿出一两个来给他玩。"

　　把所有的礼物都集中到圣诞节和孩子生日这两个场合送给他们，只会让孩子们迷失方向，他们往往玩着这一个，想着另一个。孩子认识任何事物都是需要一定的时间的，因此在这种手忙脚乱的情况下，他根本静不下心来集中精力玩任何一个玩具。

　　礼物并不是多多益善，送给孩子过多的礼物反而有可能让礼物"贬值"，孩子会觉得收到礼物也没那么开心，而且有可能给孩子灌输错误的观念，让他们误以为自己可以不费吹灰之力就得到自己想要的任何东西，但是迟早有一天他们会碰见不合自己心意的事，到那时他们就会接受不了。此外，送孩子太多礼物还会让孩子误以为礼物的数量就是家人爱自己、关心自己的明确证据，这样就会导致如果有一天孩子没有收到这么多礼物，他们就会认为家人不爱他了（其实有可能只是单纯的经济原因）。

　　我们往往认为，把礼物当作是对孩子的嘉奖会比较有教育意义，比如圣诞节的时候通过送礼物来奖励孩子所取得的优秀成绩，其实不然。礼物不能被视为是一种"报酬"，礼物就应该是"免费"的馈赠，我们要传达给孩子这样的信息，才能让孩子养成为他人着想的习惯，培养他们的无私精神，让他们不仅要学会接受，也要学会给予。

等待的喜悦

　　孩子在跟我们要礼物时经常会说："但是我的朋友们都有！"孩子这是在借助特定的物品寻找归属感，而找到"组织"、从属于某个团体，能增强孩子的自尊心。因此，他所要的这个玩具基本上只具有象征意义，没有什么实在的用处，正因如此，虽然他当时非常渴望这件东西，但是过不了多久就又会失去兴趣，因为他又会发现另外一件大家都有的东西，然后又把新发现的这个东西写到了"愿望清单"上。因此，我们在满足孩子的愿望之前最好先耐心地等一等，因为一开始的热情可能过不了几天就自行消退了。而且礼物所带来的大部分喜悦，其实都源于之前的等待，正是因为等得很辛苦，收到的时候才会倍感开心。

> ### 馈赠与奖励
>
> 　　马切洛·贝尔纳迪说："奖励和礼物是两个完全不同的概念。我个人非常不赞同奖励或惩罚孩子。'家庭审判'这种东西我从来都不喜欢，我觉得这是很可怕、破坏力极强的一种做法。
>
> 　　"但是礼物就是另外一个概念了，因为人类关于馈赠的文化由来已久，从史前时期就已经存在了。馈赠有着非常强的文化价值、社会价值、道德价值和象征价值。无论什么场合，

> 如果你想引领一个具有积极意义的潮流，或是表达感情和善意，送礼物都是一个很好的选择，而且可以是任何一种礼物，可以很隆重也可以很随意，因为礼物合适与否是由环境和当时人物的情绪决定的，任何一种东西都有它适合的情形。"

节日是为了分享，而不是为了买东西满足自己的愿望

圣诞节无疑会让我们回想起自己的童年。如果记忆中我们小时候没有收到过什么礼物，那么送孩子很多礼物的首要意义就是我们想把小时候自己身上曾经缺失的爱与关注都在孩子身上弥补回来。但是如果是出于这个目的，那么我们最后所选的，可能都是我们小时候想要却没有得到的那些礼物，并不适合孩子玩，或者我们根本没考虑他们真正的需求。

离异家庭的孩子往往收到的礼物更多，因为父母想缝合孩子内心尚未愈合的感情创伤，他们想通过这种方式告诉孩子他们仍然很爱他。因此这些父母把感情和"东西"混为一谈了，毕竟送东西费不了多大力气。

圣诞节应该是亲人团聚、家人之间共享家庭欢乐的温馨时刻，我们要让孩子明白馈赠礼物的重要性以及礼物所表达的含义：打开礼物是节日仪式的一部分，节日的仪式是源远流长的。为了让孩子认真地对待这个仪式，我们要告诉孩子为什么会送这么多礼物，向孩子解释每一件礼物（包括最平凡、最不起眼的礼物）里面所包含的感情。

第六章

听听当事人怎么说：父母和孩子的
看法

在消费主义当道的社会，玩具完全征服了游戏，可以说游戏已经变成了玩具的"殖民地"，是玩具决定了游戏的方式，这种现象完全颠覆了过去游戏的典型面貌，因为以前孩子们没有什么专门的玩具，他们会在游戏的过程中用自己的双手创造出玩的东西。现在成年人也是围着玩具转，他们所扮演的角色也仅限于决定是否要满足孩子的要求和帮孩子挑选礼物，有些家长比较宽容，有些则比较苛刻。

人们对现代玩具（电子游戏是其中的典型代表）的主要诟病是它们把孩子孤立起来了，加剧了孩子的孤独感，让孩子变得更加孤僻。但是我们应该意识到，无论孩子玩什么样的玩具，如今家庭情况和日常居住环境决定了孩子们必定是孤单的。除此之外，价格高、助长孩子的攻击性、材料质量差、科技性很高但玩具本身教育性设计得太低、缺乏有效互动、平淡无奇、重复性强……这些也是长辈们对市面上玩具不满意的地方。他们更喜欢兼具教育性和创意性的玩具（如颜料、水彩笔、橡皮泥、能发出声音的玩具和乐器、玩具书）、传统型玩具（如洋娃娃、厨房模型、小汽车、小火车、玩具飞机和玩具动物、拼图游戏、玩偶、毛绒玩具）以及能帮助孩子锻炼身体的玩具（如皮球、三轮脚踏车、小自行车）。

【父母的意见和孩子的偏好往往是非常不一致的，他们在出发点上就出现了分歧，孩子需要／想要自己喜欢的、好玩的玩具，但是父母考虑的是玩具的价值、教育模式以及价格是否在可承受范围内，如果孩子要的玩具符合这些预期，父母才会满足他的愿望。】

欲望的力量

某位妈妈讲述："我的女儿米克尔现在6岁了，这几年以来她一直问我要一个西西澳贝洛娃娃[①]，但是我一直找各种借口不给她买，因为我觉得这种玩具既蠢又难看，而且从小就'训练'小女孩为将来成为妈妈做准备，我认为这会有误导作用。我给她买了很多其他玩具，既好看又有创意，能让她动脑筋，而且还是木质的。多年来我真的是跑遍了城市的大街小巷，把各种玩具店都'洗劫'了一遍。

①西西澳贝洛娃娃，意大利语为 Cicciobello，由意大利玩具大王公司推出的男婴外形的娃娃，供儿童学习如何像父母一样照顾孩子。

> 　　6个月前米克尔得了很严重的肺炎，她高烧不退，因此必须注射抗生素。由于打这种针非常疼，为了安慰她，我向她许诺说之后送给她一个礼物，她想要什么就送给她什么。小家伙用虚弱的声音说：'西西澳贝洛。'那一刻我感觉自己真是个狠心的妈妈！"

　　关于买什么玩具，孩子的愿望和喜好确实是一个重要的参数，但也并不是决定性因素，因为成年人也要衡量一下，他们往往会要求玩具必须得有教育意义。某件玩具孩子可能并不是那么喜欢，但若它有助于开发孩子的智力，提高孩子的认知能力（即语言能力、逻辑思维、科学探究能力等），这对家长来说就是一个让人感到安心的很重要的优点。相比之下，玩具好不好玩、能否帮助孩子锻炼身体、能否培养孩子的动手能力和情感表达能力，这些因素在家长看来就没有那么重要。几乎所有长辈都认为孩子太容易受电视广告的影响了。很多长辈对玩具武器和其他一切能激发孩子攻击性的玩具意见最大，他们认为这些玩具会把孩子教坏。

　　有些家长则不赞成给孩子买过于高科技的玩具，他们更喜欢那些用简单的材料、不用了的旧东西或常用的东西"自制"的玩具，认为这样的玩具比买来的那些更好玩，更能激发孩子的创造力。总之，爸爸妈妈会尽量限制玩具的无节制"入侵"，他们会以道德标准和教育意义为原则进行筛选，同时还会注意限制玩具的数量，避免陷入消费主义的陷阱。

但是子女们并不完全认可这种观点，他们大部分人身上有着当代儿童的典型特征，他们选择玩具的标准受到很多因素的影响，比如广告，但是更重要的原因还是同学朋友之间的效仿和攀比。因此，决定要选择哪些玩具的过程，其实是父母的教育观念和对教育意义的追求跟孩子们的欲望和偏好之间的较量过程（有时甚至会发生冲突）。

 最好不要把自己的意识形态强加给孩子

塞西莉亚的妈妈说："塞西莉亚7岁了，她幼儿园和小学都是在斯坦纳学校读的，因此她比较习惯于玩天然材料制作的玩具，一般是木头的、纸板的或布的。两年前，一个熟人送给她一个塑料的洋娃娃，但是我不喜欢，因此塞西莉亚对这件新玩具的新鲜劲儿一过，我马上把它收了起来，再也没让她看到。

"塞西莉亚什么也没说，但是现在她在给圣诞老人的信里写道她想要一个'木头做的'芭比娃娃。我看到信的时候感到有些内疚，我反思了一下，觉得我们做父母的应该更宽容一些。所以今年的圣诞节，我决定除了其他礼物之外，让圣诞老人再带给塞西莉亚一个芭比娃娃，而且她可能还会穿着在我看来品位很差、难看得要死的衣服！"

孩子应该拥有很多玩具吗？

长辈们一方面害怕玩具的数量太多会把孩子推入消费主义的深渊，使他们无法自由自发地游戏，但是另一方面他们又担心如果限制玩具的数量，孩子会错失很多既好玩又能激发他们潜能的游戏。

虽然大部分的父母都认为，提供给孩子的消费品（玩具和衣服）的数量并不是衡量父母优秀与否的标准，但是很多父母也承认玩具确实是影响亲子关系的一种重要因素。

不过也有一些父母认为，生活中比玩具重要得多的是孩子与他人所建立的社会关系以及与他人共同分享的时刻，其中最主要的是与父母共处的时光，但是与祖父母、兄弟姐妹和朋友等相处的经历也很重要；玩具只是填补空缺的一个工具，或者是孩子的一种"勒索"手段——既然你们没时间陪我，那就必须给我买玩具。

让我为了玩而玩吧

我只想玩一下

不想有任何目的

别让我理解，也别让我学习

社交也不要打扰我游戏

只有我和其他孩子们

大人就别盯着我们了吧

别给我计划，也别给我评价

我不要有始有终

我不要有头有尾巴

我只想假装一会儿，只想庆祝一下

我如火的热情需要尽情挥洒

让我为了玩而玩吧。

——选自《亲爱的男孩女孩们》（*Cari bambini e bambine*），
作者布鲁诺·托格诺里尼（Bruno Tognolini，意大利著名诗人），
Nuova Iniziativa Editoriale 出版社，米兰，2002。

男孩和女孩可以玩一样的玩具吗？

小女孩玩小汽车和玩具武器，小男孩玩洋娃娃和玩具锅，这是
"正确"的吗？

很多父母表示他们并不是很担心这个问题，但是爷爷奶奶、外
公外婆以及比较大的孩子（尤其是男孩子）的父母则表示有些担心。

某些象征性的玩具似乎有非常严格的性别界限：发出声音的玩
具、乐器、积木、集体游戏（桌游等规则型游戏）、拼图游戏、玩
具图书、三轮脚踏车或小自行车等玩具是不分性别的，男孩女孩都
可以玩；但是洋娃娃、厨具模型套装、毛绒玩具和布玩偶这些就只
能给小女孩玩，玩具武器、机器人、动物模型、交通工具模型和电
子游戏则是专门给男孩玩的游戏。

孩子们说他们最喜欢哪些玩具？

孩子们的答案向我们展示了一个充满爱心和好奇心的世界，他们喜欢建造东西，而且最好是跟父母一起，也喜欢发明创造，发挥自己的想象力。孩子们对玩具的选择受广告的影响很大，他们最喜欢的玩具往往是他们还没有的东西，但是他们希望圣诞节或生日的时候可以收到这些最喜欢的玩具。

有些玩具对孩子来说具有非常特殊的意义，这些玩具对他们来说是真正的伙伴；也有些玩具只是暂时引起了孩子的兴趣，过不了多久就被抛弃了；有些玩具虽然孩子一直在玩，但是它们对孩子来说依然很有吸引力。

男孩和女孩们最喜欢的玩具中都有动物玩偶，关于原因孩子们自己也解释得非常清楚：因为这些玩偶很柔软，毛茸茸的，可以拥抱它们，晚上在它们的陪伴下睡觉。

积木类的玩具也很受欢迎（尤其是经久不衰的乐高），特别是那些配有特定主题背景的玩具，比如带有施工车辆的建筑工地、带有救护车的医院等。但是针对电子游戏，孩子们解释得显然比较含糊，缺乏条理。

有一天我在电视上看到过 Samby，它是圣伯纳犬，是个电动玩具狗：如果你吹口哨，它就会来到你面前；如果你拍手，它就会坐好。它是男的，很软，是浅棕色和棕色的，要装电池才能走，而且在草地上也能走。我在电视上还看到过带有救护车的乐高医院。

——茉莉亚（女孩，5 岁）

我在书报亭看到了很漂亮的 Pokemon（神奇宝贝）卡片，所有的人物都有，是收藏版。我还看到了 Spongi[①]，是一种玩具，你一碰它就会粘在你的手里，你用它可以捏出各种形状。

——理查德（男孩，6岁）

在电视上我看到了 Samby，一种小狗机器人，我还看到了 Playmobil（百乐宝，德国玩具公司）的动物园，里面有各种动物。我很喜欢动物，我希望有人能送我这些礼物。我还喜欢遥控的棕色小火车，因为我可以想象两个火车相撞时的样子。

——卡洛塔（女孩，6岁）

> ISTAT（意大利国家统计研究所）的数据揭示了哪些内容？
>
> 尽管商店和超市的货架上摆满了各种电子游戏和高科技玩具，但在最受 3~5 岁孩子欢迎的玩具排行榜上，排在前几位的仍然是最传统的玩具：女孩最喜欢的是娃娃，男孩子最喜欢的是小汽车、小火车这类东西。很讨这个年龄段孩子喜欢的还有积木、拼图、画画、运动类玩具以及可以动手制作东西的材料，比如橡皮泥。
>
> 随着孩子年龄的增长，娃娃、小汽车、积木和拼图对他们逐渐失去了吸引力，运动类游戏开始让他们产生了兴趣。

①一种可塑的彩色橡皮泥，弹性非常大，扔到地上或桌面上可以弹起来。——作者注

> 很多 6~10 岁的儿童也喜欢玩桌面游戏。
>
> 年龄更大的孩子在玩具选择上显示出了明显的性别偏好：女孩们仍然喜欢画画，而男孩们则更喜欢打球或玩电子游戏。

我有一个很好看的企鹅毛绒玩具，它身上有黑色、白色和橙色。我很喜欢它，因为它软软的，有一部分是毛茸茸的，有一部分是布料做的。我很喜欢抱着它。我还有一个小鳄鱼毛绒玩具，它有深绿色和浅棕色。我喜欢抱着它，因为它很软，毛茸茸的。

——卢卡（男孩，6 岁）

（塞西莉亚一直在斯坦纳学校上学）。

我们在花园里有一个木头做的玩具屋，我很喜欢在那里玩。里面有厨房、锅，还有假的食物，但是它们跟真的一模一样，而且装食物的罐子都跟真的一样，只不过小一点。

今年圣诞节我想要一个木头做的芭比娃娃，我已经写给圣诞老人了，我希望他不会搞错，因为去年我弟弟曾向他要过一匹马，但是圣诞老人给他带来了一个假的，因为是布做的，下面带着一个木头做的把手。

可能圣诞老人没有看清楚弟弟的要求……

——塞西莉亚（女孩，6 岁）

我过生日的时候，奶奶送了我一个 Nintendo DS（任天堂双屏游戏机），它是个游戏盒，你用手按一下按钮，它就会开机，然后你用机器上带着的小笔在屏幕上点一点，就可以选择你想玩的游戏。妈妈送了我能插进 DS 里的小卡片，这样就可以在里面选游戏了。

——米尔科（男孩，6 岁）

我最喜欢的玩具是 Micro Machine 系列（微型机器系列）里的宪兵卡车。它是深蓝色的，长 57 厘米，高 80 厘米。它里面有一座城市，有很多按钮，可以触发警报。我还喜欢乐高积木，因为我可以用积木建造很多东西；还喜欢小汽车，可以用来比赛；然后还有 Hot Wheels（风火轮赛车），因为我可以让它和小汽车相撞。

——卢卡（男孩，7 岁）

我有一个名字叫 Gatto Ruzzolone 的小猫玩偶，它很柔软，很可爱，身上是天蓝色，带着粉红色的条纹。我还有一只全白的玩具小狗，它叫奥利，鼻子是浅棕色的，它也很软。我在电视上还看到过一个非常喜欢的玩具：Winx 魔法俏佳人的露营车。里面有很多锅，有一个小娃娃，还有一些小玩偶。我真的很想要这个玩具。

——乔治娅（女孩，7 岁）

我最喜欢的玩具之一是 Spongi，因为它有很多颜色，还有很多配件，而且可以不断地重复使用。我有一个白色的玩偶，它是只小狗，名字叫 Panna（"奶油"的意思），还有一个天蓝色的塑料马，名字叫 Infinity（"无穷"的意思）。我喜欢 Panna 是因为我可以紧紧地抱着它，可以跟它玩，还可以抱着它睡觉。我喜欢 Infinity 的原因是它是天蓝色的，我还可以给它梳头发。在商店的橱窗里我看到过一个非常漂亮的粉色企鹅，它还有一只蛋，蛋里装着它的小宝宝。

——西尔瓦娜（女孩，7 岁）

有一次我和妈妈去超市，妈妈在买东西的时候，我去了玩具区，在那里我看到了一辆乐高火车，跟 15 厘米的尺子差不多长，跟铅笔盒差不多宽。有一节车厢是黑色的，里面装满了假的煤炭，剩下的车厢是黄色和红色的。还有一辆红色的小汽车我也喜欢，也是乐高的，像巧克力一样宽，像铅笔一样长。我希望有人能送给我这两样东西作礼物，让它们在家里飞快地跑，一定好玩极了。

——乔治（男孩，7 岁）

我看到过 Playmobil（百乐宝）的美人鱼，里面有各种配件，还有坏巫婆和海龙王。这些人物都是塑料做的，像胶棒一样高。有些人物的衣服可以脱下来。我在电视上看到过一个我喜欢的玩具，叫 Polly 小屋，它其实是一辆大巴车，但是如果你把它打开，就变成了一座房子。

——本妮迪塔（女孩，7 岁）

我生日的时候收到过一个非常好的玩具——乐高城市建筑工

地，这是一个可以动手搭建的玩具，里面有各种人物和工地上用到的施工车。我和爸爸还有朋友们一起把它搭建了起来，我们玩得非常开心。之前在某个商店橱窗里我看到过一个拼图玩具，上面有整整 10 个超级英雄，他们都是动画片里非常厉害的人物。它有 250 片碎片，还有很多颜色。我爸爸后来把它送给我了，最后我们把它拼好了。

——弗朗西斯科（男孩，7 岁）

我非常喜欢动物拼图，而且是很难的那种，1 000 片的，如果我拼不出来，我 11 岁的哥哥朱利奥就会帮我，晚上爸爸回来也会帮我。我们会一起比赛，看谁拼得最快，或者看谁能把最难的拼起来。

——卢西奥（男孩，7 岁）

我最喜欢的玩具是 Wii，是我妈妈的一个同事送给我的圣诞节礼物，我会在周末的时候或者回家比较早的时候玩。Wii 是一种游戏盒，把游戏光盘插进去就能玩了。游戏的目标是四场比赛全都跑到第一名。然后还有一种非常好的玩具，有一天我看到一个小男孩拿着玩的，这种玩具叫 Power Ranger（恐龙战队），是一个警察玩偶，这个警察中等身材，穿着红色和黑色的衣服，左手拿着一个炮筒，使劲儿按一下按钮，炮筒里的子弹就会发射出去。

圣诞节的时候我终于收到了这件礼物，我拿着它去打坏人，真是太好玩了！

——费德里科（男孩，8 岁）

我在儿童杂志的广告上看到过一个玩具——Hello Kitty 的粉色麦克风，可以用来唱歌，我超级喜欢。

然后还有一台粉色与灰色相间的电脑，可以用来做作业。我希望生日的时候可以收到这两样礼物，再加上 Kitty 和 Mimmy 的房子（模型）。

——盖亚（女孩，8 岁）

我生日的时候收到了能放进 Wii 玩的蜘蛛侠游戏 DVD。今年圣诞节我想跟圣诞老人要恐龙战队的手机，手机上有变身为恐龙战队队员的密码，还有召唤摩托车或做其他事的密码。我会一直把它带在身边的。

——乔瓦尼（男孩，8 岁）

我软软的维尼熊枕头是姐姐们在我 5 岁生日时送给我的。它是圆形的，上面画着世界上最温柔的维尼熊的笑脸。枕头是金黄色的，维尼熊的眼睛、鼻子和嘴巴是棕色的。它很大，而且很柔软。我一收到这个礼物就把它放在了床上，每次我看着它都感觉它像是在跟我说话。我不开心的时候，就会紧紧地抱着它。枕头的后面有一个口袋，我会把很多秘密的东西放到里面。

——艾莉西亚（女孩，9 岁）

我最爱的玩具是西西澳贝洛娃娃（Cicciobello），这是我 3 岁时收到的礼物。当时看到这么大一个包装盒（妈妈说盒子大概跟我差不多高），我开心极了！我非常想要这么一个玩具，每天放学回来都跟它玩。之前我的确有很多时间可以和它玩，它对我来说就像是一个真的宝宝。

我的西西澳贝洛有天蓝色的眼睛和金色的头发、肉嘟嘟的小脸和可爱的小嘴。它还有自己的奶嘴，如果我把奶嘴从它嘴里拿出来，它就会说："我饿了妈妈！"它身上带着尿不湿，穿着一件小熊维尼的衣服，它有自己的摇篮、儿童车、小椅子和换尿布的台子。我会给它洗澡、洗衣服，在玩具厨房里给它准备吃的，还会教它唱我在学校里学会的儿歌。

现在我几乎不跟它玩了，因为我有很多功课要做，但是西西澳贝洛对我来说不仅是我最喜欢的玩具，而且永远都会是我的"宝宝"！

——伊莎贝拉（女孩，9 岁）

我没有很多玩具。我最喜欢的玩具是罗伯特叔叔送我的 Wii 游戏机。游戏是装在 DVD 光盘里的，把游戏机和电视机连接起来，游戏内容就会在电视上读取和播放。玩游戏的时候要用到遥控器，可以很多人一起玩。里面有很多运动游戏，比如网球、棒球、高尔夫球、拳击、赛车和足球。我学习完之后就会和弟弟艾布或者我的表哥安德烈和表姐马尔蒂娜一起玩。

最好玩的是足球游戏，我喜欢它因为我总是赢——我们需要自己选一个队伍，然后真的是在比赛。我总是选尤文图斯，这是我最喜欢的球队。开始上小学以后我玩游戏的时间比以前少多了，因为我得花很多时间学习，但是我也没有不开心，因为对我来说学习也很重要。

——费卡杜（男孩，9岁）

马泰是圣诞节早上我在圣诞树下找到的一个玩具娃娃。

那天早上我睁开眼，马上下床朝客厅跑去，急切地想看看圣诞老人给我带来了什么礼物。当看到马泰的时候，我非常开心。

马泰对我来说就像一个真正的宝宝：我会抱着它，给它准备吃的。它上身穿着绿色的毛衣，上面有几颗白色的扣子，下身穿着一条彩色的裤子。它的手和脚都非常非常小，我觉得太可爱了，所以非常宠爱它。

我跟它玩的时候觉得很开心也很安心，它不仅仅是个娃娃，还像我的一个朋友。我会跟它分享我所有的秘密（它就像我的秘密日记本），因为它不会把我告诉它的内容告诉任何人——毕竟它还是个娃娃嘛。

——维罗妮卡（女孩，10岁）

所有的玩具中，我最喜欢的就是蜘蛛侠，因为蜘蛛侠是超级英雄中最厉害的。这个玩具是我5岁的时候妈妈给我买的，那是在11

月的一天，我打完抗流感疫苗之后。这是妈妈给我的一个奖励，因为我在打针的时候没有哭。这个玩偶高 20 厘米左右，头、胳膊和腿可以动。它是蓝色和红色相间的，眼睛上面带着白色的面具。这个玩具对我来说非常珍贵，因为有时候它能让我回到过去，让我回想起以前我没有那么多作业要做、可以跟它一起玩的那些下午。有时候我会跟弟弟文森佐吵架，因为他想拿去玩，虽然我不情愿，但是最后也不得不答应他。

——弗朗西斯科（男孩，10 岁）

年龄比较小的宝宝，父母和祖父母替他们说

她最喜欢的玩具是厨房里的各种小锅（真的，不是玩具），但是她也很喜欢玩偶，尤其是白雪公主和小矮人；她还喜欢乐器，特别是彩色的小钢琴，她会弹琴、唱歌、跳舞。但是洋娃娃她不喜欢，连看都不看一眼，她也有一个芭比娃娃，但是从来都没玩过。

——劳拉，卡米拉（女孩，2 岁）的奶奶

马尔蒂娜特别喜欢书，因为读书意味着旁边有人陪她，给她读故事，给她解释故事情节和人物，回答她的问题，和她交流看法。最近这几个月她很喜欢画画，因此她最喜欢的玩具里有颜料、铅笔和蜡笔。

——斯特凡诺，马尔蒂娜（女孩，3 岁）的爸爸

她最喜欢的玩具是拼图、画笔、颜料和儿童化妆品。她也很喜欢玩芭比厨房（尤其是当我答应要尝一下她做的"美味佳肴"时，她更是开心），还喜欢和我、她奶奶一起玩扮演老师的游戏。总的来说，她更喜欢玩操作类的玩具，因为这些玩具能让她感觉自己会做某些事情（这是她告诉我的原因，当然她是用她的方式给我解释的）。

　　目前她还没有电子玩具或视频游戏，其实这是我的选择，因为她偶尔也会问我要，但是我现在非常擅长"转移"她的兴趣，所以到现在为止还没给她买。

　　　　　　　　　　　——弗朗西斯卡，伊娃（女孩，4 岁半）的妈妈

　　我的儿子喜欢推土机和拖拉机（小型的），对卡车和挖掘机也很着迷。他和他姐姐（6 岁）也很喜欢玩木头玩偶，比如农场工具、挪亚方舟、因纽特人的小屋还有童话里的人物，比如不来梅的四个乐手。他的圣诞愿望是一架玩具飞机和一个叫"wagen"的拖车（装干草用的），因为他在幼儿园里（斯坦纳学校）看到过。

　　　　　　　　　　　——伊莎贝拉，鲁多维科（男孩，4 岁）的妈妈

第七章

听听专家的看法和建议

马切洛·贝尔纳迪

马切洛·贝尔纳迪是著名的儿科医生和临床儿科专家，同时也是意大利帕维亚大学的育儿学（胎儿出生前后的护育）教授。

下文是贝尔纳迪去世前两年在他米兰的家中接受的一段采访。贝尔纳迪在回答中提出了很多有趣的观点，这些观点直到今天也依然非常有意义，其中有一些在之前的章节中（小贴士的方框中）我们也引用过。

从出生到成年的过程中，任何人离开游戏都是难以存活的，因为没有游戏，人就会陷入极度的抑郁。这并不意味着儿童必须拥有大量的现代玩具才能健康成长，而是说他们必须拥有他们需要的东西，比如：他们需要玩土，即使会把身上弄脏；他们需要玩水，虽然会被水弄湿；等等。可以说，通过游戏人能学会任何事情，学会读书写字，学会唱歌，学会某项体育运动，学会做工程师，学会开公司。如果失去了游戏的精神，即寻求快乐和乐趣的精神，人就会变成机器，虽然技术上可能会或多或少地有所提升，但仍然像机器一样迸发不出创意的火花。因此，"不要再玩了""他总是在玩"等这类成年人经常说的话，其危害非常之大。

游戏永远都不会过量，过量的有可能是玩具。当今的社会体系是以生产和消费为基础的，其弊端之一就是我们生产了太多无用的玩具：儿童会感到无所适从，他根本不需要这么多玩具，可能出于好奇他会看两眼，但是之后就弃置一旁了。相反，给他一大沓白纸、一支铅笔和一盒硬纸板，小家伙将会创造出整个世界。

• 应该怎样给孩子挑选玩具呢？是要满足孩子的要求，还是试着引导他？

在我们这个时代，儿童自己做选择的可能性其实是很小的，因为媒体和成年人的思想会深深地影响孩子的看法，长此以往他也就失去了自主选择的能力。他的偏好并不是从他的内心产生的，而是早就由他周围的世界"预制"好了。只有那些极其聪明、有判断力、个性极强而且性格果断的孩子，可能还有一些决断力；大部分的孩子都没有，因为他们的选择其实都是由当下的"时尚"、主流文化和电视广告强加给他们的。从另一方面来说，父母自己的观点也是受这些压力影响的。

最好的方式是站到孩子的角度、用孩子的眼光来看世界，走进并专注于孩子的世界，试着了解他的个性和他的真正需求：给孩子买礼物的时候，首先要弄清楚孩子真正想要的是什么。最终的决定还是取决于孩子，因为他是主角，成年人只是赞助商，是投资人。

• 什么才是最好的玩具？

有的孩子对怪物着迷，有的则喜欢画画，也有的更喜欢热闹一些的活动。还有一些孩子自己会制作玩具，所以只需要给他们麻线、胶水、木块、纸板、纸和颜料就够了。有的玩具在大人看来很愚蠢或者带有一点误导性，但是孩子却固执地喜欢它，这时候大人应该允许孩子玩，只要控制在一定的限度内，避免使其发展成一种难以戒除的习惯即可。因为如果我们全盘否定这样的玩具，有可能会造成孩子跟同龄人的疏远，甚至脱离他所处的时代。

比如芭比娃娃，这种玩具是儿童内心幻想世界的投射，只有当小女孩（或小男孩）所生活的环境完全被对外表的追求、占有欲和炫耀之心所充斥时，我们才可以说这个玩具对孩子造成了误导。否则，禁止孩子玩学校里其他同学朋友都在玩的娃娃是不合理的，因为娃娃本身并没有什么教育意义或非教育意义。

• 把玩具划分成男孩玩具和女孩玩具是正确的吗？

不正确，因为男孩和女孩应该有选择的自由，根据个人口味做出选择。很多小男孩也喜欢芭比娃娃、玩具厨具或钩织东西（不要忘了，以前长期在海上漂泊的船长们也是自己织毛衣的）。

男孩和女孩必须玩不一样的游戏吗？

至少在 3 岁以前，甚至是到了五六岁，儿童在选择玩具的时候其实是没有性别偏好的：小男孩和小女孩喜欢玩的玩具大体上都是一样的，尤其是能激发他们的想象力和创造力的最简单的玩具。

男孩和女孩都会玩角色扮演的游戏，因为人的个性是复杂的，他们都需要通过想象自己是医生、老师、飞行员、摇滚明星或警察，来表达自己个性中的不同方面。性别认同的过程要在青春期阶段才能完全完成，那时候孩子才能建立起更稳定、更自觉的性别意识。

在孩子很小的时候就开始引导他们、根据性别给他们挑选玩具，对孩子来说可能是一种禁锢，他们被禁锢在一个特定的角色中，而这个角色有可能是与他们当时的本能相违背的。

不以性别为标准，让孩子广泛地接触各种类型的传统玩具，有利于孩子性格的自由发展，以更开放的姿态接纳各种类型的活动。

· **从心理学的角度来说，存在所谓的"聪明玩具"和"危险玩具"吗？**

我不认为存在这样的玩具。因为玩具本身没有"聪明"和"愚蠢"之分，任何玩具都可以以聪明或不聪明的方式去玩，都有可能对孩子的智力发育产生积极或消极的影响。如果一件玩具能激发孩子的想象力，帮助孩子形成更好的性格，那它就是一件"聪明"的玩具；相反，积木这种看起来很"聪明"、没有任何危险的玩具，如果孩子只会拿着它往玻璃上扔，那它也不见得有多"聪明"。当年阿尔伯特·爱因斯坦（Albert Einstein）在伯尔尼的专利局上班时，他并没有尽心尽力地工作，而是插着手坐在那里观察透过百叶窗照射进来的阳光——这对他来说就是一种"玩具"，在这件玩具的启发下，爱因斯坦后来创立了相对论。

- **适合童年早期（2 岁以前）玩的游戏有哪些?**

有无数种。最开始婴儿会对人体（尤其是妈妈的脸和婴儿自己的身体）很感兴趣，在这之后就是跟光和声音有关的游戏（比如叮当作响的婴儿床头挂铃），这些玩具我们称之为"过渡物品"，即帮助婴儿把对母亲的幻想转移过渡到现实中来的物品。再之后，可以慢慢开始给孩子玩更复杂一些的玩具，比如可以摆放、堆叠和互相敲打着玩的积木等。

- **那更大一些的孩子（适合什么样的玩具）呢?**

2 岁以后个人偏好开始逐渐形成，每个孩子都会根据自己的个性和口味来选择特定的玩具。

学龄前的儿童有可能开始跟家长要电脑和电子游戏……这时家长一定要谨慎，因为这个年龄的孩子之所以想要这两样东西，是因为通常他们也没有什么更好的选择，然后这些工具就会成为他们唯一的消遣。

· 如果您要给一个您不认识的小男孩选礼物，您会选什么呢？

我不会选球、玩具或武器，因为这些东西孩子完全可以自己做，而且很容易做。我可能会选一本儿童绘本，因为如果孩子喜欢看并且能集中精力看的话，它可以不断地激发孩子的想象力：孩子可以读故事，猜测故事的结局会怎么样，发挥自己的想象力改编故事，也可以临摹插图，还可以把书拆了再重新装起来……

· 您小时候最喜欢什么玩具？

武器，我从小就很喜欢鞭炮、各种爆炸的声响、暴风雨、雷声、烟火。这种喜好无疑反映了我内心最原始和狂野的那一面，最不文明的一面。

古斯塔沃·彼得罗波利·沙尔梅特

古斯塔沃·彼得罗波利·沙尔梅特是精神病学家、心理治疗师，意大利米兰 Minotauro 心理分析研究所所长。

为孩子挑选玩具时需要遵循消费或道德标准吗？

教育孩子的机会有很多，因此，我认为给孩子选礼物的时候就不要再遵循那些道德标准或伦理标准了，最好把送礼物当作是一个满足孩子的梦想、喜好和创造力的契机。对家长来说，这也是锻炼自己的时刻，不妨发挥一下"魔力"，猜一猜孩子的愿望是什么并努力去帮他实现。

在挑选玩具这件事情上，拿反消费主义、绿色或生态主义这类的道德伦理来限制孩子，我觉得是不合时宜的。相反，我认为爱的最高形式其实是努力理解并支持孩子的愿望和梦想。如果我们被强烈的文化观念（比如反消费主义）所限制，那么我们送给孩子的就是一份意识形态的礼物，而不是爱的礼物。比较好的做法是（至少在选礼物的时候）暂时摆脱条条框框，尽量认同孩子，走进孩子的世界，其实这是一个充满想象力的神奇世界，而不是消费主义的世界。从另一方面来说，小家伙如果感觉大人能理解自己，他就会敞开心扉，跟父母建立更亲密的关系；相反，如果他意识到大人对自己的需要一点都不感兴趣，他们"什么都不懂"（孩子经常抱怨的一句话），就会慢慢失去对他们的信任。

- **所以我们应该不加批判地满足孩子的愿望吗？**

是的，完全不加批判：我们没有任何理由去批判孩子的愿望，尤其是当我们要送孩子礼物的时候。

学校、家庭、教育、教会（曾经还有军队），让儿童的愿望落空的事情本来就已经很多了，我们何必还要"助纣为虐"呢？我们可以送给孩子我们小时候一直想要但却没有收到过的礼物，从中获得满足感，或者也可以努力猜测孩子的心思，研究一下小家伙到底想要什么：选礼物的过程就像是一台精细的手术，是很复杂的。

· 父母最排斥的玩具中包括芭比娃娃和电子游戏。怎么才能让这些父母更安心一点呢?

芭比娃娃代表了一个非常有趣的过渡阶段,玩芭比娃娃表明孩子正在学着获取一种动人的、有诱惑力的女性气质,孩子表现出的这种气质表面上看起来似乎是天真无邪的,但其实是她们刻意追求的效果。如果家里的小女孩表示她想要一个芭比娃娃,那我们就应该送给她一个。即便成年人不喜欢,也应该顺从孩子的意愿,否则成年人到底是在送礼物,还是在教育孩子呢? 如果我们对消费主义催生的某些女性形象颇有不满,以后的日子中有的是时间可以告诉孩子或告诫孩子,又何必非得在送礼物这个美好的时刻发牢骚、对孩子进行批评教育呢?

至于电子游戏(一般男孩子比女孩子更对它着迷),因为今天的儿童是超级"数字土著"①,他们生活在一个数字时代,沉浸在来自数字世界的图像、声音和玩具中,所以我认为否认电子游戏的存在或禁止孩子接触电子游戏是没用的。在我看来,教会孩子如何使用这些工具才是更有意义的做法。电子游戏有点类似于自行车或摩托车:它们的确有点危险,这是不可否认的,因此一位优秀的父亲或其他会骑车的成年人会训练孩子学会如何用更谨慎、更冷静的

---

①数字土著(英语:Digital native)指的是从小就生长在有各式数字产品环境的一代。相对的概念为"数字移民"(Digital Immigrant),表示长大后才接触数字产品并且在一定程度上无法流畅使用数字产品的族群。另有延伸用词"数字难民",指的是拒绝学习使用数字产品的族群。——译者注

方式骑车。但是成年人自己首先得具备这种能力，教孩子滑雪也是一样，我们要不断地训练孩子，提高他滑雪的技能，因为越是优秀的滑雪者，他滑雪时的风险就会越低。

其实我们在面对数字化工具和信息化工具时也应该采取同样的态度：当今时代的孩子不可避免地要接触这些工具，因此，我们应该培养孩子这方面的技能，培养得越充分，他们对这些工具的应用能力也就越强。而且，他们不但不会上瘾，还会以此为工具，在成长过程中利用这些工具增强自己的能力。

如今培养孩子在电子领域的技能正在变成一件越来越平常的事，就像如果我们必须得在南美大草原上生活，我们就要从小训练孩子如何在这种环境中生存。不让孩子掌握这些技能，甚至不让孩子接触这些工具，意味着迫使孩子变得跟同龄人不一样。我们可以设想一下，一个性格温和、发展均衡的孩子很喜欢电子游戏，然后他开始学着玩，开始研究各种游戏，但是后来他完全放弃了这些东西，他做了工程师，跟来自世界各地的同龄人一起设计未来城市……虽然最后这个孩子没有从事跟游戏相关的东西，但是电子游戏把他引入了电子世界的大门。正是在玩游戏的过程中，他才掌握了这些电子工具的使用方法，而且这个过程必定也是饱含热情和乐趣。

> 对孩子来说哪些是"正确"的玩具？如何理解这个问题？
>
> 一件有趣的好玩具，首先应该好玩，让孩子玩得开心，绝不能为了所谓的"有教育意义"而牺牲娱乐价值。理想的玩具应该是孩子的"朋友"，孩子自己玩这件玩具的时候也能玩得很开心，每当要跟它分开去桌边吃饭、去做作业或去睡觉时，孩子会觉得很舍不得。

玛利亚·丽塔·帕尔西

玛利亚·丽塔·帕尔西是一位心理学家、心理学教育家和散文家，也是意大利儿童发展基金会（Movimento Bambino）的主席。

对儿童来说，玩跟吃东西或呼吸一样，是一种不可或缺的活动。游戏有助于孩子健康和谐地成长，对其身心发育至关重要，同时还是实现"思维—身体—想象力"协调发展的基础。

童年时期和青春期之前没机会玩的孩子，进入青春期之后会处于劣势，因为青春期是最绚丽的时节，孩子各方面的潜力都在这一时期绽放，比如自制力、责任感、意志力，还有冒险精神和选择能力，而之前没有机会玩的孩子是无法培养出这些强大潜力的。

· 关于游戏和玩具，您会给出哪些建议？

我想提出的第一条建议是给父母的，父母要让孩子习惯于玩基本要素[1]，即空气、水、土和火，但是这里的火不是真正的火，而是与火有关的各种象征形式，比如温暖的感觉、冷热之间的对比、能量等。在考虑让孩子玩什么游戏之前，应该首先允许孩子接触这些要素（水、空气、土和火）并学会怎么使用它们。放风筝，去划船，吹气球，挖土坑，种种子，用沙子堆城堡，用水和泥巴、用黏土和白垩土雕刻东西或捏造东西……支持和鼓励孩子玩这些游戏非常重要，当然这也意味着允许孩子把身上弄脏或弄湿（玩水是十分重要的！）。在这之后，给孩子准备的第一批玩具应该是能发出声响的，进入探索阶段后，再准备能演奏音乐（由噪声过渡到乐音）、能让孩子体验放入和拿出、开和关、拧紧和拧松等动作过程的玩具。

我始终认为，第一个阶段是以四大要素为基础的探索阶段，之后必须要有一个过渡阶段。在这个过渡阶段，要让孩子接触非常简易的传统玩具（如球、风筝），这样可以增强孩子对自己身体和能力的认识，充分接触大自然、动物和他周围的世界；然后才开始玩一些能锻炼他们想象力的小玩具（注意玩具的尺寸要根据儿童的年龄而定，不能过小，以免孩子吞食）。

成人还应该通过讲故事（现实生活中的故事和童话）来培养孩子的想象力。我们可以利用各种物品和人物（比如模拟农场中动物的玩偶、虚拟的村庄或城市、洋娃娃的玩具屋、小汽车轨道、小怪物玩偶、日常生活中的各种工具或古老的小物件等），把它们以故

---

[1]这里的要素即指古希腊哲学中的四大要素：气、水、土。火，希腊哲学认为世界来源于这四种元素。——译者注

事的形式生动地呈现给孩子，孩子从这些东西中能开始理解现实生活，在小脑袋中梳理或"创造"出外面世界的样子。儿童也很喜欢模拟打架的场景，他们其实是在通过一种游戏的方式化解内心的冲突。很重要的一点是，孩子要在成人的陪同下循序渐进地接触这类游戏，或者更好的做法是让孩子跟其他小朋友一起玩，成人只是负责在场监督他们。我们不仅要支持古老的游戏传统——这些游戏经过了几个世纪的检验仍然奏效，可以让孩子自由地表达自己的想法——同时，我们还得支持孩子玩内容古老但形式新颖的新游戏，比如让孩子根据以前听过的或电视里借用来的故事和人物，想象和创造新的故事。这是一种效果非常显著的游戏形式，可以帮助孩子释放焦虑、恐惧、冲突和苦恼的情绪。

至于电视，我认为它有助于培养儿童的想象力，但前提是每天观看电视的时间不可超过 90 分钟，内容也要由成人监督，要注意这位成年人不仅要有能力监督孩子，还要爱孩子、对孩子有感情，同时，要让孩子讲述他在电视里看到的故事，这个过程是不能省略的，要记住无论何时都不能把孩子扔到电视前就不管了，不能把电视当成保姆。

我建议少赶时髦，少买流行的玩具，优先考虑那些真正有趣好玩的传统玩具，如娃娃、毛绒玩具、弓和箭、玩具士兵、积木。买玩具的最佳方式是每次买新玩具的时候，都给孩子讲一个跟这个玩具相关的事情或故事，这样有助于培养孩子的联想能力。

· 如何处理儿童和电子游戏的关系?

在我们生活的这个时代，小"数字土著"们其实面临着很大的风险，他们很容易沉浸在虚拟现实和电子游戏之中，电子游戏要求孩子把注意力完全集中在屏幕上，因此对他们来说整个世界的意义只局限在了视觉维度；在游戏中儿童会扮演其他的人物角色，他们会将自己完全跟这些人物等同起来从而导致迷失自我，他们不再关注现实世界中自己的事情（散步、探索、触摸、弄坏东西、重新修好等），而是只关心虚拟世界中的其他人物所做的事，只通过双手跟虚拟世界里的内容互动。电子游戏中的场景和困难会反复地出现，都是一些重复性的内容，这非常合孩子的胃口，因为正是游戏的重复性保证了游戏永远没有终点。不断的重复帮助孩子对游戏的进程了如指掌，使他们知道该如何通过各个关卡的考验。

虚拟游戏的机制可以锻炼孩子对某个过程的学习能力和理解能力，这一点是不容置疑的，但是也有一定的风险：一方面是有些游戏的内容非常残忍，对孩子来说绝对是不合适的；另一方面，如果这种娱乐活动完全占据了孩子的精力，使其忽略了其他的游戏和活动，这无疑也会产生非常消极的影响。

 为什么儿童非常喜欢"小怪物"?

霸王龙、雷龙、龙、蟒蛇、巨型蜘蛛等其他外形可怕的角色对儿童来说似乎有着非常特殊的吸引力，这是因为这些形象不属于人类，在孩子心目中它们是力量、威力和伟大的象征。

孩子感到自己和成人世界的差距，内心会产生"不平衡"的感觉，而怪物这些强大的特征在某种程度上可以减少这种感觉：这些怪物每天都受孩子的"控制"，孩子会拥抱它们、爱抚它们，在它们面前连爸爸妈妈都显得那么渺小和柔弱。

此外，它们的样子会立刻把人带到幻想的空间去，让人感到有些害怕，不过是好玩的那种害怕，因为很显然它们都是假的。孩子清楚地知道这些怪物在现实中都是不存在的，因此它们所引起的恐惧也不过是游戏而已。

露西亚·里齐

露西亚·里齐，中学教师（32年教学经验），儿童行为研究专家，也是电视节目"SOS Tata"[1]中著名的 Tata Lucia（露西亚老师）。

· 关于游戏和玩具，露西亚老师提出了哪些建议？

首先是一些非常简单的"规则"：

·跟随孩子的步伐，经常和孩子一起玩，跟他们一起疯跑，一起随意地席地而坐；

———————————

[1] SOS Tata，意大利的一档真人秀节目，从2005年开始播出，目前已有8季。"Tata"在意大利语中的意思是保姆、育儿师，每期节目中，跟孩子有矛盾的家长会打电话给节目现场的育儿师求助。露西亚·里齐是其中一位育儿师，在节目中名字叫"Tata Lucia"。

·培养孩子的创造力和动手能力；

·尊重孩子，有责任心，不要强迫孩子做不适合他们年龄的事情，从小就帮助孩子学会接受自己，欣赏自己本来的样子；

·如果孩子要一件我们认为不太合适的礼物，可以根据孩子的兴趣爱好，给他们提供另外一种选择；

·给孩子做好榜样，要知道良好的家庭环境可以让孩子产生"抗体"，自觉抵抗那些有可能对儿童造成不良影响的东西。

· 送孩子礼物时最常犯的错误有哪些？

孩子在电视广告里看到了某件东西或看到朋友拿着某件玩具就吵着想要，很多父母、爷爷奶奶和亲戚朋友于是盲目地满足孩子的愿望，孩子一说要什么礼物就给他们选什么礼物。但是孩子有可能太小了，其实根本不知道他要的那件玩具怎么玩，他只是看到别人拿着，或是在电视上看着很有趣（这种情况更糟糕），于是被它吸引住了，心里推测这件玩具应该是怎样玩；但是真正拿到手里以后，他却发现自己不知道怎么玩，因此感到很失望。

其实比玩具更重要的是我们陪孩子一起玩耍的过程，我们的陪伴，能让最普通的玩具也变得更有趣、更好玩。

游戏的意义在于分享，游戏应该是孩子和大人、和同龄人，有时甚至是和自己的爱好（当孩子自己玩的时候）共同分享的美妙时刻。但是成年人经常不想或做不到融入孩子的世界，缺少了这样的陪伴和分享，孩子很难真正地开心。

　　父母和祖父母总是让孩子被各种玩具淹没（真的是"淹没"，毫不夸张），但是小家伙们连怎么玩都不知道，因为没有人跟他们玩。

　　玩具、手机、游戏机往往都是成年人的手段和借口，因为这样孩子就不再缠着大人，乖乖地自己去玩了。但是游戏的意义首先应该是分享情感，有时候跟妈妈在一起（或者跟其他家庭成员），即便只是在厨房做一个蔬菜汤，也能变成一种十分有趣、十分吸引人的游戏。

　　现在很多孩子都喜欢要会动的玩偶，比如会哭、会说话而且会咳嗽的洋娃娃，或者会叫、会摇尾巴的小狗，这是因为大多数情况下他们都没有玩伴。父母可能在孩子身边，跟孩子在同一个房间里，但是他们在看报纸、看电视、打电话或者做其他事情，这对孩子来说并不是真正的陪伴。

　　电视、广告和玩具让孩子接触到了各种不适合他们年龄的情感，比如芭比娃娃或布拉茨娃娃（Bratz），她们所代表的是一种成年人的生活模式，与玩这些娃娃的小女孩们的实际生活相差很远。父母给孩子买的书籍有时也会出现同样的情况，因为这些书往往是适合更大的孩子读的。因此，礼物如果挑选不当的话，就有可能变成对孩子的一种"虐待"，偷走他们童年的美好时光，毁坏他们的纯真和想象力，对孩子造成十分严重的危害。

坐轮椅的残疾娃娃是"有教育意义"的玩具吗?

一般来说,通过玩具引起孩子对某些问题的重视是一件好事,让孩子意识到人和各种事物的多样性,并且对这种多样性习以为常,以平常心对待,也有非常积极的意义。如果孩子在很多玩具中主动地挑选了残疾娃娃,那自然是再好不过了,但是成年人不能建议甚至强迫孩子做出选择。游戏应该是自由的,不能带有任何显性或隐性的教育目的。

克里斯蒂娜·多纳蒂

克里斯蒂娜·多纳蒂(Cristina Donati)是意大利玩具安全研究所(Istituto italiano sicurezza dei giocattoli, 简称 IISG)的心理学家,主要研究"年龄为标准对玩具进行分类"(Age Greating Evaluation)。

与 CE 标志不同,IISG 标志不是强制性的,它的作用是证明产品已经通过生产商和外部机构所进行的安全性测试,其安全性可以得到保证。

· 玩具是如何根据年龄进行分类的?

每件玩具所适合的最低年龄限制,是根据欧盟给出的关于各个产品种类的技术标准来评估的,这个技术标准通常非常宽泛。一般来说,玩具越复杂,跟它所模拟的对象相似度越高,那么它就越适合年龄比较大的孩子；相反，玩具越简单，结构和功能越简略，就越适合比较小的宝宝。我的工作就是对每个玩具进行测试，弄清楚它的结构和功能特征，以及使用方式和宣传方式。

那么几岁的孩子才能具备使用某一特定功能所必需的认知能力和运动能力呢？儿童发育规律的常识告诉我们，每个孩子的发展速度都是不一样的，所以我们在确定这个年龄点的时候，参照的是儿童的平均情况。

• 您会给父母哪些建议？

从安全的角度来说，对玩具进行年龄分类的最根本目的是防止适合大孩子的玩具落入较小的儿童手中，因为这会非常危险。因此，我们给孩子挑选玩具的时候，在确保玩具符合基本的安全标准（机械安全性、不易燃、材料和颜料无毒等）之后，首先要看的就是包装上所指示的年龄是否合适，尤其针对不到 3 岁的孩子。

游戏对学龄前的儿童来说尤其重要，除了娱乐功能，还需要帮助孩子学到非常多的东西，因此，适合 0~36 个月的儿童的玩具和适合 3 岁以上儿童的玩具，有着非常明显的分界线。

如果玩具本身含有细小的部件（会被吸入或吞食），或者使用不当损坏之后会有细小的碎片掉落，那么对年龄比较小的孩子就会非常危险，因为他们什么都会往嘴里放。

对于 3 岁以上的孩子来说，如果我们送给他的玩具是适合比他大的儿童玩的，则有可能会让孩子产生心理上的挫败感，但是一般不会威胁到他的安全，除非玩具上明确要求必须要在成人的监督下才能使用，如果有这种要求，我们自然必须得遵守。

卡罗·巴索

卡罗·巴索是著名玩具连锁店太阳城（Città del Sole）的创始人，太阳城从世界各地精选各种玩具放到店里出售，至今已有近40年的历史。它侧重于对传统玩具的传承，但同时也兼顾新玩具的发掘。

· 您店里的玩具是如何挑选出来的呢？

在消费主义蔓延的时代大背景下，玩具也越来越紧追时尚，但是我们筛选吸收新产品的基本原则并不是它是否"新"，新品本身是没有任何价值的。只有当新品在"可玩性"方面（即使用方法以及孩子的参与方式）真正具有创新性的特征时，它对我们来说才有价值。如果某件玩具确实融入了非常新颖的内容，即使它不属于最受我们欢迎的玩具类别，我们也非常乐意把它放到店里来卖。而且，真正的"新"其实是体现在孩子身上的，随着孩子的成长，他不断获得新的能力，掌握新的技能，产生新的兴趣。我们的目标就是努力为各个年龄阶段的孩子找到适合的"工具"，而且这些工具应该是经典的，不会受到当下潮流的影响和冲击。最后购买这些玩具的成年人也逐渐明白，判断一件玩具好还是不好，不能看它本身的性能怎么样或者有哪些功能，而是要看它能让孩子做些什么，跟孩子能产生哪些互动效果；这在40年前还属于精英级消费，但是现在已经走进越来越多的家庭了。

· **选欧洲生产的还是其他国生产的比较好？**

我认为如果从"人性化"的角度来说，欧洲生产的可能是更可取的，但是如今跨国合作的浪潮是无法阻挡的。玩具的构思和设计过程可能是在欧洲或美国进行的，但是之后的生产过程基本上都是在亚洲完成的。欧洲有些小的玩具生产商虽然很"钟情"于自己的作品，不愿将其转移到国外去生产，但是很遗憾的是，面对日益激烈的竞争，他们往往也不得不妥协。比如，很多木制玩具都来自泰国，因为那里的原材料价格极低：泰国有辽阔的橡胶树林，这些树木都处于严格的监管下，一旦它们不再产生乳胶，就会变成"废料"，因而会被低价出售。除了价格上的优势，这种模式对环境也比较友好，因为"废料"被砍除后，马上就会有更年轻的树木填补过去。

· **在你们的商店里，玩具会被划分成"男孩玩具"和"女孩玩具"吗？**

不会，我们非常注意避免对"蓝色"和"粉色"进行分类，但是很多父母和祖父母来选玩具的时候经常把男孩和女孩的玩具分得很清楚。可能人们对女孩更"宽容"一些，可以允许她们玩通常被认为是男孩子的玩具（比如小汽车、积木等），但是对男孩却"苛刻"得多，仿佛他们如果玩小女孩的玩具就会"削弱"他们的男性气概，因此家长们顶多能接受小男孩玩厨房工具（毕竟厨师这个职业一点也不"女性化"），洋娃娃和相关的配饰是坚决不允许的。

· 你们在店里最常给顾客提的建议有哪些?

　　卖玩具的人如果有比较丰富的心理教育学知识当然最好不过了，但并不是所有的店员都能满足这个条件，我们的店员也不例外，他们选择从事这个行业，往往只是因为喜欢儿童世界的东西，尤其是喜欢玩具。此外，我们有接近一半的玩具都是集中在圣诞节前那几个星期售出的，这不利于我们向顾客提供最好的服务，因为时间有限，店里非常混乱，而且由于人手不足，店里很多员工都是临时的，没有足够的经验。

　　通常我们会把玩具按照所适合的儿童年龄段和玩具的功能进行分类。比如在0~3岁的玩具货架上，会再细分为听觉类、视觉类、触觉类、操作类、探索类这五个主题，每个主题都对应儿童生长过程中的某个特定阶段。我们最常遇到的问题是，无法说服很多父母和祖父母不要给孩子买过于超前的玩具、不要高估孩子的能力，但是他们总是认为自己的孩子或孙子孙女非常聪明、特别机灵，要远远领先于一般的孩子。

　　而且，现在很多新手爸爸妈妈根本就不知道"孩子"是个什么概念：他们面对这一个完全陌生的"生物"，以为这个小东西就是迷你版的成年人。比如我们经常需要给很多父母解释脚踏三轮车并不适合18~24个月的孩子，因为蹬踏动作并不是很简单的自发性动作，它需要很高的运动协调能力，孩子只有到了3~4岁才能具备这种能力。如果我们送给孩子不适合他年龄的、太过超前的玩具，当时可能会激发起孩子的好奇心，但是很快就会被扔在一边，等他到了合适的年龄时再拿出来，可能孩子也不感兴趣了，因为这件玩具对他来说已经失去新鲜感了。

木制的玩具好还是塑料的玩具好？

好的玩具未必都是用木头制成的。塑料曾经是质量低劣的象征，但是现在不一样了，世界上最好的玩具生产商也在多年前就开始广泛地使用塑料来制作玩具了。

塑料玩具和木制玩具最大的区别在于：前者通常是流水线式生产，因而往往是大批量制作；而木制玩具的制作过程适用于小规模生产，因此可以制作出与众不同的、别致的玩具。

有些顾客可能注重玩具的生态环保性，现在有些玩具是用回收而来的牛奶瓶加工处理后得到的塑料（高密度聚乙烯）制作而成的，而且包装盒也完全是使用再生纸制作而成的。

附　录

悠久而有趣的玩具历史

虽然玩具越来越智能、科技含量越来越高，但是现在的孩子却常常拿着"老掉牙"的玩具——那些他们的祖父母和曾祖父母小时候玩的东西——玩得不亦乐乎。玩具的起源已经在时间的长夜中变得扑朔迷离，最早的玩具——摇铃、球、陀螺、风筝，来自远古时期的神秘宗教仪式。

考古出土的文物、艺术作品、婴儿墓葬的装饰和大量的文学资料告诉我们，几个世纪以前儿童所玩的东西和今天的孩子玩的东西其实相差并不是很大：布球、九柱游戏①、跳绳、跟现在的溜溜球很像的线轴、滚铁环（锻炼平衡能力）、马头棍②、秋千；给女孩

----

①九柱游戏（skittles）：沿球道以球击倒数个瓶状木柱的游戏。——译者注
②马头棍：头部是马头的形状，下面有一根木棍，有的有小轮子或小尾巴，儿童跨骑在木棍上，假装在骑马。现在常用作儿童表演道具。——译者注

子玩的小型厨具，或带有各种配饰、配有各种家具的娃娃；给小男孩玩的小车、小士兵，提线木偶、自动人偶①等。中世纪的儿童会玩玻璃弹球、木棍、滚铁环，他们还会拿着木制的大锤模仿骑士游行队伍里的成年人，或者模仿广场上的艺人练习花式玩球。那时的玩具（尤其是家境比较贫穷的孩子）通常都是在家里自己制作的，而且做得很随意，材料更是非常容易腐烂（比如小石子、木块、稻草、下脚布料等），因此我们如今在考古现场很难找到任何踪迹。

16 世纪，第一批模仿实用物品和装饰性物品制作的缩小版玩具诞生了。能工巧匠们制造出各种做工精巧的"高科技"杰作，比如迷你水车或风车、锁、微型烤箱等，但是这些玩具只有贵族家里的孩子才有机会玩。将来会做牧师的小男孩会得到根据礼拜仪式用品仿制的玩具，以后会参军的小男孩则会得到小士兵、木制的剑、弓箭以及马头棍。小女孩们必须要为将来成为妻子和妈妈做准备，因此会得到很多帮助她们学习做饭、纺织、编织、缝纫等本领的小东西以及最重要的娃娃玩偶，而且人们甚至会给将来要做修女的小女孩准备穿着修女衣服的娃娃。

15—16 世纪，德国、比利时和法国最先诞生了真正的玩偶娃娃制造厂，当时的娃娃是用木头、石膏或纸浆做成的。最漂亮的娃娃

---

① 自动人偶（Automaton，又称机器人偶）：在人偶内部，设置多个特殊形状的齿轮、随动机械零件，形成精密复杂的构造；上紧发条后，传动机械元件会因为齿轮的转动而带动人偶手臂，使人偶做出类似人的动作，例如写字、弹琴、表情变化等。可以说是"古代的机器人"以及"现代机器人的前身"。——译者注

配有很多套衣服以及精致的迷你房屋，房屋内装饰精美，设备齐全。

到了 18 世纪下半叶，由于人们对儿童的关注度越来越高，玩具的生产也得到了迅速发展，然后由集市和商场里的流动商贩或玩具精品店售卖。

这一时期还出现了受当时新发明启发而制作的玩具，比如能投射出图像的"魔术幻灯"、蒸汽小火车，还有能发出哭声、眼睛会动的娃娃。在这时候又陆续出现了能发出音乐、能说话、能走路、能睁眼和闭眼、会飞吻、会哭甚至会游泳的娃娃。

19 世纪，教育学的重要地位得到了公认，因此，儿童玩具也开始发挥教育作用，人们终于认识到了游戏真正的含义：游戏是儿童成长发育过程中的一种基本活动，不仅能有效促进儿童创造力和想象力的发展，还能帮助儿童跟妈妈、家人和社会建立起良好的关系，同时也能增进孩子对大自然和自然现象的认识。玩具变得越来越重要，欧洲诞生了第一批以工业形式批量生产玩具的工厂。

铁皮玩具大获成功，它们非常精确地再现了以前的很多发明创造：汽车、轮船、蒸汽火车，还有动物、杂技演员或从事不同活动、展示不同技艺或手艺的人物，而且这些小玩具中都安装了弹簧或其他机械结构，因而能自己移动。

意大利第一家生产各类玩具和玩偶的工厂，是 1872 年在坎内托苏洛廖（Canneto sull'Oglio，意大利曼托瓦省的一个市镇）成立的 Furga。

意大利的玩具博物馆

每件古董玩具都是独一无二的，是由手工艺术家创造出来的一件珍品、一件稀罕之物。对过去的玩具的浓厚兴趣，促使人们建立了很多玩具博物馆，举办了很多关于玩具的展览。

这类博物馆或展览肯定是非常值得一看的，因为我们不仅可以欣赏到展品种类之丰富、样式之奇特，还可以体会到玩具不但是简单的一个物品，而且是一件有着自己历史的手工制品，是劳动人民精湛手艺和丰富想象力的结晶。如果是现代的玩具，它还是科技进步的成果，是它诞生的时代的文化见证。当玩具演变的历史展现在我们面前，我们很容易就能意识到，它完全就是映射生活变迁的一面镜子，跟随玩具的脚步，我们会发现儿童、家庭、风俗和社会这些年发生了翻天覆地的变化。

博罗梅奥娃娃玩具博物馆，安杰拉镇（瓦雷泽省）

（Museo della bambola e del giocattolo di Rocca Borromeo, Angera Varese.）

地址：Via Rocca, 2 –Angera (Va)；电话：0331–931300

博罗梅奥娃娃玩具博物馆是 1988 年由博纳·博罗梅奥·阿莱赛（Bona Borromeo Arese）公主建立的，依靠其藏品的质量、丰富程度和稀有程度，成为欧洲最重要的玩具博物馆之一。馆中收藏有从 18 世纪到现在的一千余件玩具娃娃（包括木制、蜡制、纸浆制、瓷制、法国素瓷制和布制等多种材料），这些娃娃装扮华丽，还保存着原来的各种配饰，向我们展现了这些童年永恒的主角们所经历的历史文化变迁。除了娃娃，博物馆中还展出了其他各种类型的玩具，比如家居小配饰、比较稀有的家具款式、设备齐全的娃娃房子、小商店模型、集体游戏道具和教学游戏道具，与童年主题相关的书籍、杂志、照片、藏书票以及小雕像。

这些展品分布在博罗梅奥厢房和小礼拜堂的 12 个大厅中，可以带领参观者们穿越时光，进行一次奇妙的玩具发现之旅。旁边还设有以主题划分的两个独立系列：一个位于马厩，陈列的是来自非欧洲文化背景的玩具和娃娃；另一个则位于一楼的 3 个大厅之中，收藏了来自法国和德国的机械自动机，它们都是 19 世纪钟表大师、雕塑家和手工艺人的杰作，是他们的智慧和创造力的结晶，其运动速度缓慢而且富有节奏感，并且常常用节选自歌剧曲目或流行曲目的著名曲调作为伴奏，这种美妙的搭配直到现在仍然很有魅力，令很多人着迷。

博物馆的陈列设计很用心，声音效果和灯光效果引人入胜，而且还安装有视频装置，参观者可以聆听音乐，观看玩具在运动中的样子。

圣斯泰法诺·洛迪贾诺儿童玩具博物馆，圣斯泰法诺·洛迪贾诺镇（洛迪省）

（Museo del giocattolo e del bambino di Santo Stefano Lodigiano）

地址：Via Vittorio Veneto, 5–Santo Stefano Lodigiano (Lo)； 电话：0377–65244

网址：www.museodelgiocattolo.it

圣斯泰法诺·洛迪贾诺博物馆是欧洲最大的玩具博物馆之一，是洛迪省和伦巴第大区合作建立的一座博物馆。馆内有 75 个灯光明亮、适合儿童身高的大型展览橱窗，展示着精选而来的 2 000 件正版的玩具。在这里，参观者们可以开启一段了解社会文化事件、科学技术发明、政治军事变革、文学哲学运动的迷人旅程。博物馆内还设有很多有特定主题的展览，包括"好玩的科学""马戏团和剧院""玩具娃娃和玩具士兵""教育型游戏""匹诺曹和木头"。借助这些展览，参观者可以粗略重温 1700—1960 年间的这段历史。该博物馆还会组织很多丰富多彩的活动，比如玩具发明创造实验室，以儿童权利、幻想、神奇的书籍世界、团结的欧洲等为主题的表演游戏。

都灵游戏文化中心（Centro per la cultura ludica di Torino）

地址：Via Fiesole, 15–Torino；电话：011–4439400

都灵游戏文化中心是都灵市与意大利儿童游戏委员会（Comitato italiano gioco infantile）合作建立的，目的是促进各种形式的游戏文化发展和传播，它是从事游戏和玩具相关行业的人员、玩具收藏家或者想深入了解游戏这一主题的群众的重要据点。都灵游戏文化中心通过各种方式展现与游戏有关的历史和文化知识，提供各种信息和培训，有大量文献资料，举办各种展览，是大家会面和交流的场所；还开办能帮助大家进一步了解游戏和玩具的各类课程，举办各类主题展览，既有常设展览，也有临时展览。

常设展览包括："Perempruner"系列，这个系列收集了 2 000 多种民族传统玩具和传统游戏；"Mino Rosso"系列，收集的是来自世界各地的"国际化"玩具；"古代的游戏、玩具和其他娱乐方式"主题展览，以及 19 世纪到今天的玩具工业研究成果展示。

都灵游戏文化中心配有一座图书馆和一个视频资料库，里面有与游戏相关的丰富资料，可供参观者们查阅。除此之外，还设有一个电子游戏区域，参观者不仅可以了解电子游戏的发展历史和迅速而持续的革新过程，还可以体验不同类型的电子游戏，尝试如何借助最新技术设计一款游戏。

此外，游戏文化中心还提供定制服务和导游服务，可以为各个层级的学校、带孩子的父母和儿童领队设计特定的参观线路并安排导游。

格兰达泰木马博物馆，格兰达泰镇，（科莫省）

Museo del cavallo giocattolo di Grandate (Como)

地址：Via Tornese, 10–Grandate (Co)；电话：031–382912

网址：www.museodelcavallogiocattolo.it

格兰达泰木马博物馆建造在意大利冠军赛马 Tornese 的马厩旧址上，Tornese 是一匹明星纯种赛马，曾创造过无数辉煌的成绩。

2000 年, 在雅沙娜 – 智高集团(Artsana Chicco)彼得·卡泰利(Pietro Catelli)的策划下, 这个在他心中酝酿已久的娱乐文化项目在马厩旧址上落成并对公众开放, 成为他送给自己的 80 岁生日礼物: 一座收藏了从 18 世纪晚期至 20 世纪末的 500 匹玩具木马的博物馆。

　　这是世界上规模较大的私人收藏品博物馆, 而且收藏品数量还在不断增加, 因为卡泰利的朋友和支持者还在源源不断地向博物馆捐赠自家的玩具木马。有的玩具木马是静止不动的; 有的安装了非常精细的机械驱动装置, 因而是可以动的; 也有的是像法国的"cheval-jupon"①一样可以用两条背带背在身上的小马模型。这些玩具马一般由木头、金属或纸浆制成, 可以说这些杰出的作品是过去那个时代最温柔、最浪漫的象征之一。

　　博物馆对外开放募集旧木马玩具, 把这些木马从满布灰尘的阁楼或地下室角落里拯救了出来, 同时, 也把它们从记忆的尘埃中拯救了出来, 因为面对越来越现代化的玩具, 这些老古董已经退出了舞台。现在的孩子完全是消费主义的奴隶, 木马博物馆想让孩子们看到, 以前的物质没有那么丰富, 儿童的娱乐方式相对来说要简单得多, 但是他们依然可以玩得非常开心。玩具木马几乎一直

---

① cheval-jupon, 法语, 意思是"马形衬裙", 是法国的一种民俗传统装扮, 多在游行、表演等场合使用, 它由一个模仿马的外形制作的中空外壳和下部的裙摆构成, 一般马身上还设计有假的前肢, 然后在座椅的部位挖一个洞, 这样演员把马穿在身上, 用根背带加以固定, 上半身从这个破洞位置露出, 腿部被衬裙遮住, 因此演员走路的时候仿佛是马在走路。类似于我国民间旱船表演形式中的"旱船马"。——译者注

是每个孩子家中必备的玩具，它能带领我们回顾历史，追溯不同的文化背景。

馆里的藏品并不是按照一般博物馆的布展规则整整齐齐地排放在展示柜里面，而是采用一种极富创意的形式，把木马放在圆盘形底座上、架子上或其他展示平台上，而且不用玻璃或栅栏隔开，目的是让来看展的公众更尽兴，更方便他们和展品的互动。房间里还有墙报、出版物或其他有趣的资料，记录了木马这种玩具的历史变迁：从马头棍，到小马车，再到和马有关的雕像、赛马、马戏团、摇摇马以及可以骑的玩具马。

这座与众不同的"马厩"里有很多罕见的奇特藏品，比如：有一匹来自古代中国的木制矮种马；还有一匹未来主义风格的木制摇摇马，外表漆成红色，双脚被安置在双摇杆上，完全是一座现代风格的雕塑；有一匹 19 世纪中期的意大利木雕白马也很有趣，刻画的是正在向着远方奔腾而去的珀伽索斯[1]天马。还有一匹腾飞状的铁铸战马，它曾是可口可乐公司摆放在酒吧门口做广告用的一个玩具，底部有固定的金属支架，小朋友可以骑在马背上玩，因此可以说它就是现在很多超市门口供儿童娱乐乘坐用的硬币摇摇马的前身。

博物馆还有一个重要成员，那就是"玩具城"[2]中的那匹马，

---

①珀伽索斯，又称佩格索斯，俗称天马或飞马，是古希腊神话中著名的奇幻生物。他是一匹长有双翼的马，通常为白色。他是美杜莎与海神波塞冬所生，角色是马神。——译者注
②玩具城，童话故事《匹诺曹》中的幻想之城。——译者注

曾参演过罗伯托·贝尼尼（Roberto Benigni）导演的电影《匹诺曹》，它是用铁和树脂制成的，高 5 米，宽 7.3 米，是世界上最大的玩具木马，灵感来自 19 世纪英国格鲁吉亚摇马乐队的模型。

科莫里瓦罗西火车模型博物馆

Museo Rivarossi di Como

地址：Via Pio XI, 157/159-Como，电话：031-541541 （仅限预订才可参观）

里瓦罗西[①]是火车模型界的"法拉利"，从 1945 年在科莫创立起，几十年来一直是成百上千万儿童（以及他们的父亲）梦寐以求的玩具。21 世纪初，和其他很多玩具公司一样，里瓦罗西也没能逃脱停产的厄运。后来这座曾经的玩具厂被改造成了博物馆，展出了半个多世纪以来它所生产的铁路模型和火车模型。

在这座火车模型博物馆中，参观者可以欣赏到里瓦罗西公司生产过的所有产品，从最原始的型号一直到最新的款式。

---

① 里瓦罗西，Rivarossi，世界闻名的火车模型公司，由意大利工程师罗西（Alessandro Rossi）于 1945 年在城市科莫（Como）创立，他对火车的热爱和对技术的坚持，打造了模型王国并征服海外市场，成为收藏者爱不释手的珍品。——译者注

米兰儿童玩具博物馆

Museo del giocattolo e del bambino Fondazione Paolo Franzini Tibaldeo di Milano

地址：Via Pitteri, 56-Milano； 电话：02-2127121

米兰儿童玩具博物馆中收藏有 1700—1960 年生产的 2000 多件玩具。65 个儿童高度的展柜中，展出了各种娃娃、玩具士兵、科学类玩具、马戏团或戏剧题材的玩具、教学类玩具以及小汽车和小机器人。在这里，儿童是绝对的主角，馆内还专门给孩子建造了一间亚米契斯时代的教室 [内部以各种当时的物件作为装饰，还贴有意大利著名儿童杂志《儿童邮报》（ *Corriere dei Piccoli* ）的创始人安东尼·鲁比诺（ Antonio Rubino ）的插画]、一个游乐场和一间游戏室。

博物馆还提供导游服务，任何年龄的小朋友都可以预约导游带他们参观，也可以预约参加手工课程，学习如何制造玩具。小朋友们还可以在博物馆里庆祝生日，博物馆的工作人员可以为他们准备玩具、音乐，安排木偶戏表演、魔术表演和寻宝游戏。针对年龄很小的宝宝，博物馆可以给他们提供玩"博物馆大游戏"的材料，这是一种互动性很强的游戏，小朋友们会玩得非常开心。此外，馆内还为 4~14 岁的儿童安排了手工课，孩子们将学会如何把最常见的物品变成最原始的玩具。

针对学校团体参观者，博物馆内还提供各类主题节目，比如关于童年的、关于想象力的、以书籍或以文化多样性为主题的各种节目。

朱利奥·苏佩蒂·弗尔加玩具娃娃藏品博物馆，坎内托苏洛廖镇，曼托瓦省

Raccolta del giocattolo e della bambola Giulio Superti Furga di Canneto sull'Oglio (Mantova)

地址：Piazza Gramsci–Canneto sull'Oglio (Mn)

电话：0376–71700

网址：www.comune.canneto.mn.it

1880 年左右，路易吉·弗尔加·戈尔迪尼（Luigi Furga Gornini）在苏洛廖镇创立了意大利第一家玩具工厂，生产洋娃娃、玩具木马、剧院模型和小木偶、玩具小车、家具模型、玩具摇篮、婴儿车模型以及许多其他类型的木制玩具。这家玩具厂正是意大利玩具生产的故乡。20 世纪初期，弗尔加玩具厂的附近又建立起了很多其他的玩具厂，这些玩具厂带动了坎内托镇以及周围很多市镇的工业发展，使这些市镇成为领先世界的工业中心。坎内托玩具娃娃博物馆是以历史悠久的弗尔加玩具厂的最后一位厂长朱利奥·苏佩蒂·弗尔加（Giulio Superti Furga）的名字命名的，目的正是纪念这段光辉的历史。

馆中所有的藏品都是由私人收藏家捐赠或出借给苏洛廖镇政府的。根据所采用的材料，将玩具划分成几类，每个类别的玩具再按照时间顺序排列在展厅里。除了玩具，馆中还有生产模具和生产模型、工厂照片和文件档案，可供人参观。

加托而那玩具博物馆（热那亚）

Polimuseo del giocattolo di Gattorna

地址：Frazione Gattorna-Moconesi (Ge) ；电话：0185-934199

加托而那（Gattorna）是莫科内西市（Moconesi) 丰塔纳波那小镇（Fontanabuona）的一个村庄，从很早的时候开始，那里的玩具小商贩就拿着他们的行李离开故乡，经过数百公里的长途跋涉，到达意大利的各个大城市，甚至走出国门，来到汉堡、洛桑、华沙、巴黎、伦敦和斯德哥尔摩等国际化大都市售卖小玩具。到 19 世纪下半叶时，他们已经成为欧洲各个重要玩具展会上的名人，用在国外赚取的钱财，帮助家乡人提高了生活质量。因此，加托而那玩具博物馆展示出的其实是贫苦人民的玩具，它是在教师维托里奥·罗萨斯科（Vittorio Rosasco）的倡议下修建的，目的正是纪念这段令人难以置信的史诗般的历史。展品中除了大型的塑料玩具、电动火车模型，还有很多由家庭作坊制作的非常简单的玩具（比如用锯末填充的布球、用硬纸板制作的小号或小老鼠、用赛璐珞做的风车、气球、铁皮玩具等）。

拉马兹扎诺玩具游戏博物馆

Museo del gioco e del giocattolo di Ramazzano (Perugia)

地址：Ramazzano (Pg)；电话：348-5412637

网址：www.museodeigiocattoli.it

拉马兹扎诺玩具博物馆里面的藏品分为三个系列，它们记录了玩具发展的 150 年历史，从最简单的由手工艺人和玩具制作师傅手工制作的单件玩具，到工业大规模生产的消费品。参观线路是根据博物馆的空间结构设计的，两个房间和一个走廊对应藏品的三个系列，分别是"微型现实和想象中的世界"（第一个房间）、"表演中的游戏"（第二个房间）和"教学活动中的游戏"（走廊）。

第一个系列里的第一部分藏品中，有些是引导孩子适应特定社会角色（如男性角色或女性角色）的玩具，有些则是展现现实生活或模仿现实生活中的物件而制作的玩具。这些玩具都是 1920 年到 20 世纪 70 年代末制作的，大部分来自意大利、英国、德国、法国、俄罗斯和日本，所使用的材料有塑料、铁皮、木材、石膏、布料、树脂、硬纸板或纸。从技术类型来看，它们体现出了手工制作、半工业方式制作以及工业生产制作的特征。

第一个系列里的第二部分收藏的是想象题材、科幻题材或童话题材的玩具。而第二个系列里的藏品是与表演（马戏团表演、游乐园里的表演或剧院表演）有关的玩具或物品，主要来自德国、西班牙、英国和法国；也有一些来自意大利，是 1860—1980 年制作的，材质多种多样，包括：铁皮、金属合金、木材、布料、硬纸板、纸、玻璃、赛璐珞、人造树胶和塑料，通常制作一件玩具会同时使用多种材料。

第三个系列设在博物馆的走廊里，所收集的是跟校园生活和教学活动有关的物品（算盘、小黑板、儿童的书本、插图日历、文具等），其材质多为纸、硬纸板和木头，是 19 世纪末到 20 世纪 60 年代之间的产品。

皮耶特罗·皮拉伊诺玩具博物馆，巴勒莫（巴盖里亚省）
Museo del giocattolo Pietro Piraino di Palermo (Bagheria)

地址：Via Consolare, 105–Palermo；电话：091–580008

网址：www.museodelgiocattolo.org

这座博物馆是由皮耶特罗·皮拉伊诺·帕普夫（Pietro Piraino Papoff）策划建成的，其目的是希望这个博物馆能起到桥梁的作用，提高人们的团结意识和对多样性的宽容程度。这一理念是深深植根于帕普夫的童年经历之中的：帕普夫很小的时候，年轻的爸爸就突然去世了，在情感上给小帕普夫造成了很大的打击，而且家里也失去了经济支柱。帕普夫虽然年纪很小，但是他明白自己再也不会得到新玩具了，而且更让人难过的是，他连开口跟妈妈要玩具的机会也没有了。别的小朋友都在玩玩具的时候，小帕普夫只能自己动手做，他很早就会学会了自己制作软木船、弹弓、陀螺、风筝和踏板车。

这些经历让帕普夫萌生了要让所有孩子都能张开想象的翅膀、自由地追逐梦想的想法。长大后的他开始收集大量的玩具，为这些玩具建立博物馆，同时成立修复工坊，做好玩具的修护工作，以便未来的孩子们也能见证玩具的历史，将这份记忆传递下去。

博物馆明亮的橱窗里展示着将近 600 件玩具，包括娃娃、自动人偶和其他物件，它们将一个交织着孩子梦想的世界展现在我们面前，像一台时光机，把参观者带回到旧时光之中，带给人脱离现实的虚幻之感；但是它又是真实的，置身其中，我们可以清楚地看到玩具发展的脉络，看到潮流的交替以及新技术、新材料的诞生过程。